U1011860

LOADING...

乔布斯为什么能

Why Can Jobs Do It

16岁少年兰星宇如是说

兰星宇 / 著

全国百佳出版社 · 江西人民出版社

乔帮主语录

I would trade all of my technology for an afternoon with Socrates.

我愿意用我所有的科技去换取和苏格拉底相处的一个下午。

Innovation has no limits. The only limit is your imagination. It's time for you to begin thinking out of the box.

创新无极限！只要敢想,没有什么不可能,立即跳出思维的框框吧。

乔帮主语录

We're here to put a dent in the universe. Otherwise why else even be here?

活着就是为了改变世界,难道还有其他原因吗?

Don't let the noise of other's opinions drown out your own inner voice.

不要让任何人的意见淹没了你内在的心声。

Contents/目 录

作者的话

乔布斯的成功之因

近来，我一直深读着一本书，我的思绪也一直萦绕在这本书里。它就是——《史蒂夫•乔布斯传》。

随着苹果产品在中国影响越来越大，乔布斯也被国人越来越关注，越来越尊重……

乔布斯的成功，在于他的产品感动了这个世界，改变了这个世界，并且引领着这个世界走向一个缤纷而且烂漫的未来……

然而我们往往对苹果产品发出惊叹，却很少想过乔布斯的成功究竟是天意暗合，还是人力使然？我们能否从乔布斯的传奇一生中获得宝贵的借鉴？

我觉得乔布斯的成功有规律可循，就是独特良好的家庭熏陶和环境影响、多样有效的学习方法、欲取先予的合作方式、不以物喜不以己悲的专注定力、追求完美的做事精神成就了他的辉煌人生。

于是我把乔布斯这五个方面的成功规律合成五章，称之为《乔布斯为什么能——16岁少年兰星宇如是说》。

Chapter 1 第一章

环境造就良习

良好的家庭熏陶与环境影响

是卓越者的充分条件，

世界上不少卓越者

是在

良好的家庭熏陶与环境影响中成长的

乔帮主语录

It’s wonderful to have a beginner’s mind.

拥有初学者的心态是件了不起的事情。

一、老乔布斯上演『孟母三迁』

环境影响，包括家庭环境影响，和家庭外的环境影响。

很多父母对家庭外的环境很看重。所谓"近朱者赤，近墨者黑"，就是说跟了好的就学好，跟了坏的就学坏。印度不是有个狼孩吗？好好的一个女孩，在狼群里呆了七八年，就成了个狼孩，人性都跟没了。你说环境对人的影响大不大？

搬家硅谷

中国的父母们，特别担心孩子的成长环境、学习环境、工作环境。要说最担心的这位，要算孟子的母亲。孟母为了让孩子有一个好的环境，接连搬了三次家，给我们留下一段“孟母三迁”的千秋佳话……

和中国的“亚圣”孟子一样，乔布斯也有良好的家庭熏陶和环境影响。一切要从乔布斯的童年说起……

史蒂夫·乔布斯

史蒂夫·乔布斯（1955–2011），发明家、企业家，美国苹果公司联合创办人、前行政总裁。2011年10月5日，他因病逝世，享年56岁。

1976年，乔布斯和朋友成立苹果电脑公司，他陪伴了苹果公司几十年的起落与复兴，先后领导和推出了麦金塔计算机iMac、iPod、iPhone等风靡全球的电子产品，深刻地改变了现代通讯、娱乐乃至生活的方式。

乔布斯是改变世界的天才，他凭敏锐的触觉和过人的智慧，勇于变革，不断创新，引领全球电子产品的潮流。他让精美时尚的电子产品变为现代人生活的一部分。

相关链接

孟母"三迁"

公元前375年，孟子刚满三岁，父亲劳累过度，大病不治，丢下年幼的孟子，撒手而去，母亲一人担当了抚养、教育孟子的全部任务。孟子小时候很顽皮，很擅长模仿，见什么模仿什么，而且模仿得惟妙惟肖。在孟家门外不远处是块坟地，隔三差五少不了有亡人下葬，孟子就和玩伴们模仿出殡人的样子哭拜亡灵。孟母急了，这地方不把儿子带歪了？于是她把家搬到远离坟场的集市旁。

没想到孟子又开始模仿集市上的商贩们做买卖的样子。他还把屠户操刀杀猪的全过程淋漓尽致地模仿了出来。孟母一看不行，儿子在这种环境里只能感受一些俗气的东西，赶紧带上儿子离开集市，把家搬到了一个学堂上。

在学堂边，孟子耳濡目染了人渴求知识、向更高层级迈进的一面。当母亲看到儿子模仿着先生看书学习，她终于安心了。

今天，我们还得好好谢谢这位伟大的母亲。要不是她不辞辛苦，三番搬家，历史上就少了一位大思想家、教育家……

孟 母

孟母(？~前317)仉氏，邹国人。

孟母勤克俭，守志节。抚育儿子，其教子慎始、励志、敦品、勉学、约礼，几十年如一日，被后世人尊为名垂千秋的模范母亲。并将她与宋时岳母、汉时徐母，并列为中国"贤良三母"，而孟母，则居"贤良三母"之首。

孟子

孟子（前372－前289），名轲，字子舆，战国时期邹国人，鲁国庆父后裔。中国古代著名思想家、教育家。孟子为战国时期儒家代表人物，是仅次于孔子的一代儒家宗师，对后世中国文化的影响全面而巨大，有“亚圣”之称，与孔子合称为“孔孟”。孟子在政治上主张法先王、行仁政，提倡“民贵君轻”。晚年，孟子退而讲学，和他的学生一起序《诗》《书》，作《孟子》七篇。

我这里不厌其烦地叙述孟子的故事，只是想强调一下外部环境对一个人影响的深远。因为下面我将和大家一起来见证一下太平洋彼岸一个家庭和一处环境对一个伟人——史蒂夫·乔布斯良好的熏陶和深远的影响……

乔布斯不是乔布斯夫妇的亲生儿子，他是保罗·乔布斯从威斯康辛大学一名叫乔安妮的未婚在校女研究生那里领养过来的。乔布斯的亲生父亲是一位叫阿卜杜勒法塔赫·钱德里的叙利亚人。

那时的乔安妮，也就是小乔布斯的亲生母亲，爱上了这位穆斯林助教阿卜杜勒法塔赫·钱德里，而且怀上了乔布斯，这种未婚先孕的行为有悖当时严厉的教规。教徒乔安妮和阿卜杜勒法塔赫·钱德里没有更好的办法，他们只得将乔布斯送给了膝下无子的保罗·乔布斯夫妇。乔布斯夫妇当场向乔安妮保证：今后一定会把小乔布斯当作亲生儿子一样看待，一定会倾其所有让他们领养的这个宝贝儿子得到最好的教育。

乔布斯夫妇突然间喜得贵子，当然是乐不可支了。他们对于小乔布斯可是关爱有加，几乎是含在嘴里怕化了，捧在手心怕摔了……

保罗•乔布斯受美国中西部民风的熏陶，上过二战战场，从海岸警卫

老乔布斯抱养了小乔布斯

队退役后，他凭借自己的特长担任机械师。作为慈爱善良的父亲，他坚持要让儿子接受到当时全美最好的教育。

那时，乔布斯夫妇住在南旧金山镇。

乔布斯喜欢搞恶作剧。历数他的恶作剧生涯中的“光辉”业绩：他带领他的“童子军”偷偷地溜进医院的药房，想尝尝杀虫剂是什么味，结果让父母赶紧送他去医院洗肠胃；为了满足好奇心，乔布斯用母亲克拉拉的发夹去插电源的插座，差点丧命；他在老师的椅子下点燃炸药……好几次乔布斯被学校勒令退学。

没一桩事是能让保罗夫妇放得下心的，他们决定尽快地搬家，给儿子换个环境。于是，他们从南旧金山这座工业小镇搬到了加利福尼亚州芒廷维尤半岛。

半岛邻近帕洛阿尔托。最要紧的，电子公司如雨后春笋般地遍地开花，这些电子公司聚集了大批科技人员和电子工程师，可谓是一处群英荟萃、风云聚会的圣地。这就是后来举世闻名的美国圣地——硅谷。也就是这处"圣地"从根本上影响了乔布斯，改变了乔布斯。就是在这个地方，乔布斯对电子元件的专注完全转移了他喜欢恶作剧的精力和兴趣……

新的环境给了乔布斯新的兴趣和爱好。他不断地向新家周围那些学识渊博的工程师们提出各种各样稀奇古怪的问题。那些到处都是废弃不用的各种各样的电子元器件，让他流连忘返，兴奋不已。他尽兴地拆开一个又一个的废弃元器，没完没了地探究它们的神奇组合……

在帕洛阿尔托，每到周末，新居附近的工程师们都会在自家车库做些维修电器的私活。当然，他们身前身后多了位喋喋不休、爱问这问那的小帮手。工程师们对这个机灵好学又好动的小帮手当然是非常喜欢了，他们每次都能很乐意地、很耐心地解答他所提的每一个问题，有时还不厌其烦地一次次重复地告诉他那些电子元件在不同电器中的用途。

有一次，邻居一位工程师特地给小乔布斯展示了一个碳精麦克风，这个新玩意儿可让他着了迷。他一连几天跑到工程师家里来玩麦克风，工程师看他那爱不释手的样子，干脆把麦克风送给了他……

加利福尼亚州芒廷维尤(MountainView)半岛上的硅谷(Silicon Valley)

加利福尼亚州(State of California)位于美国西部,是美国经济最发达、人口最多的州,南邻墨西哥,西濒太平洋,别称黄金州。1848年发现金矿,持续的淘金热使人口急增,1850年,成为美国第三十一个州。19世纪末,洛杉矶地区石油的发现和开采,使工业迅速发展。

芒廷维尤(MountainView),位于加州圣克拉拉县,是硅谷的主要组成部分。Google公司总部、Mozilla基金会/Mozilla公司、微软的MSN/Hotmail/Xbox/MSNTV部门、SGI和美国国家航空航天局埃姆斯研究中心等许多著名机构都位于该市。

硅谷(Silicon Valley)地处美国加州北部旧金山湾以南的芒廷维尤半岛上,早期以硅芯片的设计与制造著称,因而得名。后来其他高科技产业也蓬勃发展,硅谷现泛指所有高科技产业。这个环境,对乔布斯的成长及后来的成功太重要了。保罗·乔布斯的这次搬迁,改变了乔布斯的人生。

新的环境不仅给了乔布斯新的兴趣，还让小乔布斯结识了一位让他终身不忘的老师，她叫伊莫金•特迪•希尔。在后来乔布斯的回忆里，他特地赞美到希尔老师："在她那里学的知识比其他任何一位老师那里学的要多得多。她在我心目中是一位了不起的老师，她激起了我内心的学习热情。"

希尔老师打开了乔布斯身上的"潘多拉"盒子，让乔布斯的机灵、聪慧转化成优异的成绩。这份优异的成绩使乔布斯从四年级直接跳到六年级，从小学直接跳到中学……

让保罗夫妇没想到的是，儿子上中学后，他们还要做一次艰难的选择，他们不得不再搬一次家，给儿子再换一个环境……这里先暂停一下，因为下文我们有专节介绍。

说到这里，我们应该很清楚了：在南为橘，在北为枳。什么样的环境，就是出什么样的"乔布斯"。在南旧金山是爱搞恶作剧的乔布斯，在帕洛阿尔托是迷上电子器件的乔布斯。由此我们也应该清楚：前者和后者之间，有天壤之别！

艰难抉择

人的一生，要面对很多抉择，如进入什么样的学校，学习什么样的专业，选择什么样的职业。有时，我们没有抉择的余地，如家就一个，没得左右；社会一个，没得进退。但是，有时也是有机会抉择的，尽管很艰难。就在当下，一些父母，为了让孩子不输在起跑线上，不惜倾其家底，为孩子择一所重点中学或贵族学校……乔布斯的父母和千千万万的中国父母们一样，为了让乔布斯在一所好学校学习，也做了一次艰难的抉择，把儿子从克里滕登学校送到南洛斯阿尔托斯的一所学校去学习……

乔布斯小学就读的学校叫蒙塔•洛马。学校离他家只有四条街距离。在这个由一组20世纪50年代的低矮建筑物构成的学校里，他以优异的成绩一下子从四年级跳到六年级。

到了六年级乔布斯要到另一所叫克里滕登的中学去就读。

虽然克里滕登中学与蒙塔•洛马小学只隔着八条街，可学校的学习风气却属于二重天。

克里滕登学校位于一个充斥着少数族裔帮派的社区里。学校打架、敲诈的恶性事件屡屡发生。为了展示各帮派的威风，有的学生居然把刀带到学校里来。有时仅为一场摔跤赛的胜负，各帮派之间的学生大打出手，连校车也被砸了……

初来乍到的乔布斯没帮没派，年龄小，个子矮，自然成了经常被欺负的对象。他经常被堵在厕所里洗劫一空。学校这种混乱的境况让智力超常且追求精神自由的他在这里毫无施展的空间。挫折感让他整天郁郁寡欢，最后，他到了忍无可忍的境地，向父母亲提出了换所学校的想法。

这一想法对保罗夫妇来说是一个艰难的抉择。首先是家里经济上的窘境。因为当时家里的境况和学校的境况一样糟糕。他们的收入还不够家中的日常支付，换一所学校，无端地又增添了一大笔的开销，这无疑是雪上加霜。

尽管如此，保罗夫妇认定：尽快为儿子换一所好的学校比什么事情都重要。夫妇俩四下打听，最终，在3英里外的南洛斯阿尔托斯一处由杏树果园改造成的居民区，给儿子找到一所他们满意的学校。为了让儿子读书方便，他们千方百计筹借了一笔钱，在学校附近买下了一栋有三间卧室的平房，把家也搬了过来。新家面朝马路，还有一个带卷帘门的车库。这样，老乔布斯在车库里修车，儿子可以在他身边摆弄他最喜欢的电子玩意儿。这个家对小乔布斯来说太满意了。对保罗夫妇来说，这个新家最重大的意义是：它是硅谷最安全也是最好的学区之一。

新的学校不仅给了乔布斯好的学风，还给了他一个优美的生活环境——连人迹罕至的角落里都是婆娑多姿的杏树，还有满眼的堆肥和有机水果、蔬菜……除此之外，他还结识了很多有益的朋友，这些朋友对他今后的人生道路和志向的选择和日后他取得的光辉成就，都起到了至关重要的作用。后面的篇章会有详细叙述。

乔布斯(中)和他的好朋友们

乔布斯的这段换校的经历也印证了中国的一句古话:近朱者赤,近墨者黑。老乔布斯为他撇开“墨”者,加入“赤”者,这是多大的智慧与果断!

新的学习环境给了乔布斯太多的感慨和无限美好的回忆,他在这里顺利地完成了中学的学业。好多年以后,乔布斯还深深地惦记着这块故地,他还特地带着他的好朋友们来到这里,无限眷恋地向他的朋友们叙说他那一串串金色的往事:“住在那里的那个家伙教我怎么做一名有机作物园丁,以及如何制作堆肥、种植有机水果和蔬菜。他不管种植什么东西都要追求完美。太棒了,我一生中再也没吃过比那儿更好的食物了。也就是从那时候起,我喜欢上了有机水果和蔬菜……”

说到这里，我不由得再一次赞叹小乔布斯的父母，特别是他的父亲。他慧眼识真金，看到儿子身上珍贵的多面特质：敏感又偶尔迟钝，易怒而又超然，而且智力超群。他认为儿子是块特殊材料，不允许老师和其他人忽视。他总是平静而且有力地告诉他们："听着，这不是他的错。"

正因为这样，乔布斯父母才能做出这么艰难的抉择，让儿子摆脱那些不良环境的影响。没有这样的父母，哪有今天的乔布斯？

1972年高中毕业时的乔布斯

相关链接

青年IT精英——李想

也许你对李想还不熟悉。这位80后的佼佼者，25岁时就成为泡泡网的总裁，并且把泡泡网打造成中国IT界的第三名。这跟他小时候就受到良好的家庭熏陶有直接的关系。

李想1981年出生时，电脑开始进入中国。

少年时期的李想发现自己最感兴趣的东西就是电脑。一有时间，他就到有电脑的地方去学习相关的知识。他十分希望父母给他买一台电脑。有一天，他终于壮起胆恳求父母买一台电脑。父母如实告诉他："我们家哪里买得起电脑呀？"

李想不死心。家里买不起电脑，他就想方设法，向懂电脑的人请教。到他很了解电脑的时候，他再一次强烈地恳求父母给他买台电脑。

儿子对电脑如此着迷，李想的父母有想法了：这孩子今后是不是可以向电脑这个方向发展，他会不会在电脑这个方面有所作为？

于是，他们决定拼光家底也要满足儿子的要求。他们举债给儿子买了一台昂贵的电脑。在当时，电脑可是富人们的专用品啊！

电脑买来后，李想的父母却发现儿子压根就没把电脑当作学习的工具，只是当成了游戏机。这对中国的父母们来说是绝对不能忍受的事。李想的父母很宽容，他们没有给儿子一顿臭骂，而是以平静的心态在暗中细细观察李想。他们要弄清楚：孩子究竟是迷恋着电脑游戏，还是迷恋着这台电脑？

直到李想上了高中，李想玩电脑的兴趣依然如初，并玩得更高级了，玩起了BBS。最后他干脆放弃学业，成为一名专业的电脑玩家。

这简直太离谱了，这不是离经叛道吗？然而，李想这个"荒唐"的决定，居然得到了他父母的理解和支持。对李想来说，这是多么重要的理解和支持

泡泡网是中国最具权威性与影响力的IT垂直互动门户网站之一

啊！就是这样的理解和支持，让李想最终登上了通向成功的台阶。

数年后，正如他父母所期望的，在电脑游戏中，李想得到无限的创意和启发。顺着这条创意和启发的路子，李想终于从电脑游戏玩家华丽转身为泡泡网总裁。

埃其勒房子

乔布斯受到的家庭环境影响来源于多方面，就连乔布斯家住的房子也给了乔布斯不可磨灭的记忆。

前面我们说过：在乔布斯上初中时，保罗夫妇把家从蒙塔•洛马小学边搬到南洛斯阿尔托斯。在这里，他们为儿子选择了一所新的学校。为了方便儿子的学习，他们在学校的附近买了一栋简朴的平房作为他们的新家。

在中国道家文化里有句名言：大道者，至简至易。

乔布斯家这栋房子就体现了至简至易的风格。

乔布斯家这栋平房是一位叫埃其勒的房地产商人建造的。平房面朝马路，结构简易，宽敞厅堂还带有三间明亮的卧室。平房的旁边还有一个带卷帘门、设施齐全的车库。

虽然房子结构简单，但线条清晰，外观素雅大方，整洁漂亮，最重要的是房子价格低廉。让像乔布斯家这样经济状况普通的家庭也能住进去，真是价廉物美……

乔布斯被这栋房子简朴近人的建筑风格吸引住了。他从埃其勒建造的这栋房子的建筑风格里意识到：任何产品不仅要注重设计的美观，还要注重简便实用，并要让它的价位被普通消费者所接受。就这样，一个美观、实用、价廉的产品理念在他脑子里形成了，并且运用到了他日后的商业实战中。

1984年，苹果公司推出的第一台麦金塔电脑上市前，时任苹果公司总裁的斯卡利把售价定得很高。他想通过高定价来获取更多利润。斯卡利这种违背“埃其勒房子”的定价方式遭到乔布斯的坚决反对。

乔布斯坚定地认为物要美，但价格一定要合适。高价格让大众消费者望而却步，就不能让更多的人亲身体验麦金塔电脑的优良品质。

乔布斯家在南洛斯阿尔托斯的新居

平房旁边带卷帘门的车库

埃其勒(Joseph Eichler)(1900—1974)

美国加利福尼亚州著名房地产开发商。他将自己的开发建筑理念定位在美国中产阶级这个消费群体，毕生之精力投在为美国中产阶级建造住房上，累计为美国的中产阶级建造了11000幢独幢或叠拼式的便宜住房。

其建筑特点：玻璃窗落地，阁楼板外露，屋顶平坡或低度坡，外墙装饰层带有几何线条的光平表面……

其建筑风格类似于德裔美国建筑师Miesvander Ro-he和美国建筑大师Frank Lloyd Wright的设计风格：结构简单清晰，外观素雅大方。

埃其勒房子的建筑特点和建筑风格对乔布斯的设计理念有着深远影响。

在乔布斯的坚持下，品质优良的麦金塔电脑最终以出人意料的价格，让消费者疯抢了一把。“埃其勒房子”的感受带给了乔布斯一次巨大的成功。

乔布斯不仅从“埃其勒房子”中感受到合理的产品理念，还从中感受到完美的建筑风格，并且把这种风格直接地运用在他的苹果专卖店上。今天当我们看到苹果专卖店高大的落地窗，我们就不由得联想到“埃其勒房子”的风格。

香港的苹果专卖店

二、言传身教胜于苦口婆心

感受完美精神

谈了环境对乔布斯的影响,我们不能不谈谈乔布斯的家庭熏陶。

乔布斯的家庭熏陶是多方面的。首先是他从父亲保罗·乔布斯那里感受到什么是完美精神。

乔布斯一生下来就离开亲生父母,这反倒成为他的幸运。因为在他失去了亲生父母的同时,上帝又给了他一对超越血缘关系的完美的父母——保罗•乔布斯和克拉拉•乔布斯。

保罗•乔布斯最了不起的地方，在于他总是让儿子从他那里感受到生活中最美好的一些东西。比如，保罗•乔布斯一生追求完美，无论是生活中，还是工作上。他让儿子也从他那里感受到了完美，而且是润物无声式的。

他一做机械活时就专心致志、一丝不苟地操作手上的机件，直到脸上露出满意的笑容。每当这个时候，天性好动的小乔布斯总是站在一旁，一动不动地盯着工作台前如变戏法般的父亲。

儿子的状态立刻引起保罗•乔布斯的注意。他看到了儿子身上有种难得的灵性，这种灵性，老乔布斯认为就是他骨子里的那股子劲在儿子身上的最初萌动，他引导儿子充分地发挥这种与生俱来的美好的天性……举家迁到加利福尼亚州后，安置新家的第一桩事，就是制作新家的栅栏。老乔布斯特地让儿子给他当下手，意在让儿子在制作栅栏的过程中深刻地体验一把完美的感受。

保罗•乔布斯是制作栅栏的好手。他制作的栅栏特别牢固、别致。他仔细地按标准比例给栅栏取好料，把料的正面整治得平滑、光鲜、均等，几天忙碌下来，一面崭新的栅栏在阳光下闪亮入眼。儿子乐了，对新家的栅栏满意得不行。老乔布斯却意外地告诉他：咱家的栅栏才完成了一半。明天咱爷俩还得在栅栏的内侧上下一番工夫。

乔布斯感到困惑，满脸诧异地说：挺好的栅栏干吗还要在背面上下工夫？再说背面人家也看不到呀，有必要费那么大的劲吗？父亲肯定地告诉儿子：有必要！因为一个完美的栅栏是从里到外的完美。

老乔布斯的完美的精神就这样植入了儿子的心里，父亲这种完美的精神一直伴随着儿子人生的脚步走到今天——不，是今后。因为在我们眼前每一件完美的苹果产品里，始终流淌着老乔布斯的那股完美劲儿……

感悟买卖诀窍

乔布斯受到的家庭熏陶之二是从父亲那里感悟到做买卖的诀窍。这种独一无二的感悟，让日后的乔布斯在强手如云的商场中获得了无限的商机和成功。

保罗夫妇领养小乔布斯三年后，他们又领养了一个女儿，这样，家里的经济开支也就增加了不少。保罗·乔布斯的肩上扛着养活四个人的担子。

为了增加家庭收入，能干的保罗做完公司的活后，还利用闲暇时间给人修理汽车。因为给人修理汽车要比光捣鼓机械赚钱多啦。

保罗·乔布斯修理汽车的方式跟别人不一样。他把积攒的一点钱用来买廉价的旧汽车，然后花上一些功夫，把这些破旧得近乎报废的旧车换些元器件，修配一下，再喷下漆……经他这么一摆弄，竟然出落成一辆看起来挺不错的二手汽车。

然后，保罗·乔布斯带上儿子，开着大变脸的车，来到车行，当着儿子的面，与车行的经销商锱铢必较地谈起价格来。父亲卖车不是最终目的，目的是让儿子在买卖现场中感悟他"低价买进，高价卖出"的商业诀窍。为了达到这个目的，保罗也费了不少的心思。他每天一下班，就换上宽大的工装裤，拖出收拾得整整齐齐的工具箱，带上儿子，开上他修饰一新的二手车，来到本地车行，让儿子在不经意中反反复复地体验他和经销商们打招呼、谈买卖的种种情景。自然，儿子实实在在地被父亲那些卖车时的招数吸引住了。特别是乔布斯看到每笔买卖的结果时更感新鲜——一辆很低价格买来的旧汽车，转个身，然后以高出几倍的价格脱手。

老乔布斯的这种"低价买入商品，然后将这些商品重新组装，再高价卖出"的买卖商道，儿子看在眼里，记在心上。后来，乔布斯非常娴熟地把它运用在了他的商业行为之中，并取得了巨大的成功。

乔布斯第一笔买卖就初战告捷。那时，乔布斯和他的好朋友沃兹刚刚创立苹果公司。他们合计着要做一笔买卖——销售"蓝盒子"。蓝盒子是一种冲着当时昂贵的国际长途电话费而发明的电子装置，它可以免费地打国际长途电话。

在乔布斯他们做这玩意儿之前，早就有人在做了。但乔布斯这次和别人做法不同，他运用父亲当年的买卖手法：在电子商那里压低价格买来电子元件，然后耗上几天的工夫，把这些电子元件组装成全新的蓝盒子产品，再把产品高价卖出。每个蓝盒子的成本只有20美元，他们在市场

乔布斯和沃兹制作的蓝盒子

上以100美元的高价卖出。老乔布斯的家传买卖诀窍，让乔布斯初战告捷，美美地赚了一大把。

青出于蓝而胜于蓝。再后来，乔布斯将老乔布斯的商战之道运用到了极致。无论是他的iPod，还是他的iPad，或是他的iPhone，都有他父亲“底价买进+巧妙创新+高价卖出”的影子。所以，完全可以说：苹果的“军功章”上，有儿子乔布斯的一半，也有他父亲老乔布斯的一半。

体会工作激情

在我看来，老乔布斯了不起的地方不在于他给了儿子多少，而在于他感染、影响了儿子多少。

保罗·乔布斯给儿子的感染和影响是多方面的。他让儿子感受完美精神，感悟买卖诀窍，他还让儿子热爱工作，提升儿子的想象力和工作能力。这是乔布斯继承到的一笔丰厚的家产。

乔布斯上初中后，家里开支倍增。保罗·乔布斯凭着自己一身过硬的技术，在光谱物理公司找了一份机械师的工作。

光谱物理公司是一家生产电子设备、医疗产品和激光仪器的公司。保罗·乔布斯每天要把设计师画在图纸上的设计制作成实实在在的样机。有些样机还是飞机上和医学上的激光仪器，它们的精密度要求是很高的。

这份工作让保罗的收入增加了不少，可机械师的工作要求也很高。保罗的活不是一般人可以担当的，不但繁重，而且精密度要求极高。没有十二分的工作热情和高超的工作技能是做不了这份工作的。

每天，老乔布斯一来到他的车床或铣床前，就立刻进入了忘我的工作状态。从拿到图纸这一刻始，到定制工具，到制出模型，无不专心致志，直到设计师们一致首肯：这正是我们想要的样机。

儿子被父亲的工作激情和完美精神深深地吸引住了。从父亲的工作中，乔布斯感受到工作的快乐、工作的荣耀。

父亲给儿子的这种强烈感染，一直指导着乔布斯日后的人生。直到乔布斯坐上了苹果公司掌门人之位，他依然和他的父亲一样，认真地工作，勤奋地工作……苹果公司的人是怎样形容乔布斯的工作情形："我早上一进办公室，就看到乔布斯把头埋在案卷里。到下班时，我再到他办公室时，他还埋在里面。"

沃伦·巴菲特家也有热爱工作的氛围。儿子彼得·巴菲特曾这样描述父亲："父亲有时晚上几个小时都在书房里度过。当他走出来时，我从他脸上看到了对工作的神圣之情。"受父亲的感染，彼得·巴菲特十分热爱自己从事的音乐工作，并取得了很大的成就。

相关链接

美国非洲裔女作家——托尼·莫里森

1993年，托尼·莫里森获得诺贝尔文学奖，成为全美历史上第一位获得此殊荣的美国非洲裔女作家。莫里森一时成为美国男女老少心中的文学偶像。

莫里森之所以得到这份荣誉，也是得益于良好的家庭熏陶和父亲给她的深厚影响……

托尼·莫里森小时候住在贫困、暴力事件频发的东芝加哥地区。因为家庭经济状况很不好，小托尼得经常去做钟点工来补贴家用。

有一次，她去琼斯太太家打扫卫生。回家后，心情很不爽。

托尼·莫里森

美国非洲裔女小说家。生于俄亥俄州洛雷恩，毕业于霍华德大学。

20世纪60年代末，莫里森初登文坛，后发表了一系列影响深远的小说。她的作品有《最蓝的眼睛》(1970)、《苏拉》(1974)、《所罗门之歌》(1977)和《黑婴》(1981)等。她主编的《黑人之书》(*The Black Book*)，记叙了美国黑人300年的历史，被称为“美国黑人史的百科全书”。

托尼·莫里森的作品情感炽热，简短而富有诗意，特别是以对美国黑人生活的敏锐观察闻名于全美乃至世界。

1989年起出任普林斯顿大学教授，讲授文学创作。主要成就在于长篇小说方面。1993年获诺贝尔文学奖。

她跟爸爸说："爸爸，琼斯太太老找我的茬，总是说我地拖不好，窗子也抹不好，什么都不好。我再也不想去她家做工了。"

托尼·莫里森的爸爸是一个非常敬业的人。听了女儿的诉说后，他温和地对女儿说："知道吗，托尼，人家琼斯太太并不是针对你这个人，而是针对你做事的方式。也许她觉得你做事的方式有不对的地方，她想帮助你改进一下，这是多好的一位琼斯太太啊！记住，今后无论我们做什么事情，都要先想想，怎样用最好的方式把它做好，我们一定要有这种敬业的精神。"

父亲的开导，春风细雨般滋润了小托尼的心。

第二天，托尼·莫里森来到琼斯太太家，她认真地按照琼斯太太的意见和指导完成工作。她发现，这位琼斯太太确实不是刻意为难她，而是不断给了一些好的建议。小托尼·莫里森不但没离开琼斯太太家，而且在琼斯太太这里干了整整一年。

后来，她带着父亲这份珍贵的开导，用自己最好的学习方式完成了学业，用自己最好的创作方式收获了文学创作路上的硕果——摘取了诺贝尔奖桂冠。托尼·莫里森的忠实读者是这样评价她的作品的："她像魔术师一般，把不同的声音，不同的人物形象带给读者，让读者在阅读过程中真正走进她的世界，同她一起品味生活的甘苦和内心世界的奥妙。"

三、见贤思齐的乔布斯

“圣地”硅谷的魔力

还有一个环境，对乔布斯的影响重大。那就是距离乔家不远的，被人们称为“圣地”的美国硅谷。

“圣地”硅谷（Silicon Valley）地处美国加州北部旧金山湾以南的圣塔克拉拉（Santa Clara）山谷之中。开始这里以硅芯片的设计与制造著称，因此而得“硅谷”之名。到上世纪50年代，一些巨型军火公司把总部移到了这里。这些军火公司为硅谷带来了创业的气息。随后其他高科技产

“圣地”硅谷(Silicon Valley)

业在这里蓬勃发展起来，特别是美国的IT产业在这里飞速发展，兴起了一批如惠普、宝丽来等著名公司。硅谷也就成了美国经济腾飞、高科技发达的代名词。硅谷也被人们称为“圣地”。

我在前面的“搬家”一节里已经提到：保罗夫妇践行了自己的诺言，辗转把家搬到“圣地”硅谷所在地。在这里，他们不但给儿子找到了一所好学校，还让小乔布斯受到良好的环境影响。这里有各种各样的神奇的电子元器件，让他对现代电子产生了浓厚的兴趣，这种兴趣引导他步入了辉煌的电子世界……

乔布斯的很多邻居都是惠普公司的工程师。有一次,他受邀去邻居一位工程师家看一种新发现的扩音方式。在那里,乔布斯看到车道上摆了个碳精话筒与扬声器。然后邻居用几根线把碳精话筒与扬声器连了起来,声音很快被碳精话筒和扬声器的组合放大了很多倍。这情景使乔布斯非常惊奇。在当时的乔布斯看来,只有放大器,才可以把声音放大。他立刻兴奋地打电话叫他爸爸来看。爸爸原本也不相信碳精话筒与扬声器的组合能把声音放大,看后也吃了一惊。邻居工程师这个小小的成功试验,着实让乔布斯震动不小。就此,他看到了科学技术在不断进步,而且进步之快,就在瞬息之间……

惠普

惠普公司(Hewlett-Packard Company,NYSE:HPQ),简称HP,总部位于美国加利福尼亚州的帕罗奥多(PaloAlto),是一家全球性的资讯科技公司,主要专注于打印机、数码影像、软件、计算机与资讯服务等业务。

科技进步的紧迫感又给了乔布斯强烈的创新意识。他敏锐地意识到，在这个技术不断进步的时代，只有通过不断地创新才能让自己走在时代的前面。

这种创新意识使他在日后激烈的商业竞争中受益匪浅，使他总能立于不败之地。1980年，电脑产业进入一个全新的时代，即竞争的时代。但电脑制造商们却满足于现状，他们的电脑还是那么笨重、色调暗淡、功能很少、配置很低，甚至连桌面上用户图形界面都没有。而乔布斯凭借他强烈的创新意识，先人一步，在短短的30年里，他的苹果电脑完成了数次革新，从而让他长久地拥有世界IT霸主的地位。

对乔布斯来说，“圣地”硅谷还有一个深远的影响，那就是硅谷人给他的影响。硅谷人那种不分男女老少，不分尊卑贵贱，也不分学历高低，他们都执着地追求各自心中的理想，他们一个个都是了不起的理想主义者。硅谷人的理想主义精神成了上个世纪60年代影响全美的精神标杆。硅谷人的理想主义精神强烈感染了乔布斯。让这位尚未出道的乔布斯打小就有了自己的远大理想，他要和惠普的创始人比尔·休利特一样，创建一家像惠普那样基业长青，可以传世的公司。“建造一家可以传世的公司”，成为乔布斯不断向前的原动力。

乔布斯努力用自己这份强烈的理想主义精神去感染他身边的人——有一次他给一群斯坦福的学生们上课时，他特别告诫他们，要像60年代的硅谷人一样，敢于坚持追求自己的理想。

“圣地”硅谷可谓是名副其实的“圣地”。它让人产生兴趣，让人有紧迫感，让人萌发创新意识，还培养人的远大理想。这些都是乔布斯后来事业取得巨大成功的必要条件，是最完美的环境影响。

比尔· 休利特(右一)和戴维· 帕卡德(Dave Packard)(左一)

比尔·休利特和戴维·帕卡德被尊为硅谷之父。不仅因为他们在1939年建立的惠普公司掀开了在加州硅谷创业淘金的历史新篇章，而且他们创造的独特企业文化和管理方式被硅谷，甚至全世界的其他公司奉为学习的楷模。虽然帕卡德于1996年去世，休利特也已垂垂老矣，但"只要企业提供合适的环境，相信员工必然全力以赴"作为"惠普之道(The HP Way)"的核心仍将是硅谷的企业管理精髓。

探索者俱乐部的机缘

在"圣地"硅谷，乔布斯在这里获得很多美好的感受，因为这个"圣地”给了他成功的机缘。

一天，他的父亲带他来到惠普公司的探索者俱乐部。就是这个探索者俱乐部与他结下了不解的机缘并成全了他日后的辉煌和伟大……

那是在乔布斯读高一的时候，老乔布斯特意开着车，带上乔布斯，来到惠普公司的探索者俱乐部。俱乐部每周有一次聚会，聚会在每周二的晚上。每次聚会，都会有一位实验室里的工程师来给大家讲课。最重要的是，工程师讲的内容正是乔布斯感兴趣而且执着研究的东西。

乔布斯一来到这个俱乐部，仿佛步入了天堂。特别是当他第一次看到工程师手上的发光二极管时，乔布斯就毫不犹豫地加入了惠普探索者俱乐部，并且以极大的兴趣和俱乐部的朋友们探讨发光二极管的无穷奥妙。

在探索者俱乐部里，有很多高中生。一天晚上，俱乐部的聚会结束后，乔布斯和朋友们依旧兴致盎然。他们竟然拦住刚讲完课的激光工程师，请求给他们一个一饱眼福的机会，参观他的全息摄影实验室。激光工程师满足了他们的好奇心，让他们看到了全息摄影实验室里那台被称为9100A，身形巨大，40磅重的，神话般的计算器。

在乔布斯的眼里，这台9100A计算器太美了，美得让他兴奋不已，让他从好奇坠入深爱，从深爱转向探究。乔布斯决定亲手做一台频率计数器，用它来测量一个电子信号每秒钟的脉冲数量。还未动手，乔布斯就遇到一个很现实的问题：做一台频率计数器，需要一些惠普制造的零件。于是，他拿起电话，直截了当地给惠普的CEO比尔·休利特打了个电话。电话打到了比尔•休利特的家里——当时的比尔•休利特正要鼓励俱乐部的成员们做一些设计,或组装器件,或组装一些比较实用的项目,这是一次多好的机会啊!比尔•休利特兴致勃勃地与这位素昧平生的中学生在电话里聊了起来。之后,他慷慨地给了乔布斯需要的那些零件,并且还让乔布斯在惠普制造频率计数器的工厂里工作,整整一个暑假,乔布斯在厂里如愿以偿地组装出了一台完全属于他的计数器。

“圣地”硅谷给了乔布斯发挥兴趣的机缘,给了乔布斯工作的机缘,也给了乔布斯经商的机缘——然而,所有这些机缘都是老乔布斯用心良苦的结果。

在频率计数器工厂工作的那个炎热的夏天,老乔布斯不辞劳苦,每天早出晚归,开车接送。为了培养儿子的商业兴趣,他让乔布斯做一些商业实习工作,让儿子在一家叫哈尔泰克特的大电子商店里做仓库保管员。在这个特大的电子商店的仓库里,老乔布斯总带着儿子在一堆堆电子产品前不停地转悠。他要让儿子熟识每一个电子元器件的功能,以及这些器件的实际价格。然后,再和儿子一起去跟那些电子商店的老板们谈价。在谈价的过程中,老乔布斯总能用他层出不穷的商业手法占据上风。父亲一幕幕谈判的场景,潜移默化在乔布斯的心底里。到他执掌苹果后,父亲的商务招数一一运用在他的商战之中,使他成为一位所向披靡的商场谈判高手……

说了这么多,其实我还是在反复地说明同一个问题:乔布斯在“圣地”硅谷的良缘,其实就是他具有的良好的环境影响和良好的家庭熏陶的反映。

2011年，有消息说：浙江省宁波市意欲斥巨资打造1000个“乔布斯”。荒谬！姑且不问你宁波市有多少资金，这些资金是不是真心实意地投到“乔布斯”身上，我只问你宁波市有没有1000个保罗·乔布斯？有没有1000个能见贤思齐的乔布斯？

相关链接

惠普之道

这里我们要提及当时惠普别具一格的企业文化。

惠普是一家跨国公司，它的企业文化颇具多元性和包容性。它能广泛地吸纳贤士，能让自己的员工将自己的梦想和公司的目标紧密结合，实现最大限度的公司发展和个人提升。乔布斯是在这样的企业文化的背景下才能拨通比尔·休利特电话并得到他想要的惠普零配件，特别是那份影响乔布斯人生的工作……

除此之外，惠普还能通过各种途径，促使所有的人，不管是它的员工，还是它俱乐部的会员，都能真正融入它的文化中去。除了工会组建的多种俱乐部，惠普还定期组织内容丰富的业余活动。

惠普的企业文化交流方式也是别具一格的。它能安排各种非正式的场合给员工相互轻松和亲密地交往、沟通，从而营造惠普独具人情味的家庭般的氛围，增强员工的归属感。即便是已经离开惠普的员工，这样的文化仍然对他们有着持续的吸引力。惠普的办公大厦内引入经营纪念品的专卖店和经营、租赁图书的知识中心，并通过定期活动为员工创造良好的文化氛围。这种文化交流的方式对日后乔布斯执掌苹果公司，创建苹果文化都起着直接的指导和借鉴作用。

Chapter 2 第二章

学习创造机会

乔布斯有丰富的

学习选项和多种学习渠道：

他善于向朋友

向潮流

向对手

向失败学习

乔帮主语录

Stay hungry,stay foolish.

求知若饥,虚心若愚。

古往今来，暮鼓晨钟里，多少人埋在青灯黄卷里几十年不肯出来。不曾想，终归是一头雾水，唯有明镜里的白发三千。

很多人尽管知道要学习，却不善于学习。

金无足赤，人无完人。乔布斯不是一块赤金，也不是一个完人。

他原本是一个令老师头痛的捣蛋鬼、恶作剧专家、大学辍学学生，他非常孤傲甚至狂妄。但是，乔布斯深谙学习的重要性，他善于学习，尤其懂得如何从别人身上汲取优点来完善自己。

乔布斯有丰富的学习选项和多种学习渠道：他善于向朋友、向潮流、向对手、向失败学习。

他充分利用他有限的生命，发挥出最大的学习绩效。他从迈克·马库拉那里学到了产品原则（共鸣、专注、灌输）；他在与时俱进的大众潮流里学习"新潮"；他从对手那里学习他们的经验教训。他也跌倒过，经历了失败，但每一次失败都成为学习的材料。

在这一章里，我想与读者一起，深度地探究一下乔布斯的学习渠道、乔布斯的学习方式和乔布斯的学习精神，以便让我们的学习始终朝着正确的方向，像乔布斯那样成长，那样进步，那样成功。

一、向强者学习

孔子曰：三人行，必有我师。

尼采曾说过：你我是朋友，各拿一个苹果彼此交换，交换后仍然是各有一个苹果；倘若你有一种思想，我也有一种思想，而朋友间交流思想，那么我们每个人就有两种思想了。

乔布斯很懂这些道理。乔布斯年轻时就展露出精英的特质，交到了很多良师益友。他谦虚地把朋友当老师，向朋友学习。他虚怀若谷地学习朋友的特长，并加上自己的创新来应用。我们先从他向同窗好友罗伯特·弗里德兰学习说起。

最初的精神导师

罗伯特·弗里德兰，土生土长的芝加哥人。他在俄勒冈州的里德学院毕业后，前往印度学习梵文和佛教。后来，他在加拿大的沃伊西湾意外发现了一个大型镍矿，从而发了自己人生的第一笔财，并拥有了一个美丽的、充满宗教色彩的苹果农场……

罗伯特·弗里德兰

我先说说罗伯特·弗里德兰与乔布斯是如何结识的。朋友从相识到相交是讲缘分的。

乔布斯与弗里德兰的缘分是在一次买卖中结成的，非常偶然。

当时乔布斯为了筹集一笔现金,决定卖掉自己的IBM电动打字机。同校学生弗里德兰答应买他的打字机,并约定在学校宿舍里交易。当乔布斯带上他的打字机,来到弗里德兰的宿舍时,弗里德兰正忙着和他的女友亲热,完全没把他当回事。乔布斯感到这个买家太不尊重人了,正要离开,弗里德兰却很不情愿地挽留他:“待会吧……”

乔布斯居然破天荒地顺从了这位让人尴尬的买主。他被罗伯特·弗里德兰这种不合常规、无所顾忌的性格蛊惑了。要知道,乔布斯可是不容易被人蛊惑的主,罗伯特·弗里德兰却有这个本事。

买卖成交了。乔布斯和罗伯特·弗里德兰的友谊就这样开始了。

乔布斯首先被罗伯特·弗里德兰的宗教思想所影响。

弗里德兰信奉东方宗教。他追求东方宗教中那种深远而缥缈的精神境界。乔布斯对佛教的认同,对佛教的信奉就是通过弗里德兰的影响而开始的。

有一段时期,他曾将罗伯特·弗里德兰视为他的精神导师,他在弗里德兰那里了解到了印度宗教思想,尤其是宗教大师拉姆·达斯的宗教思想,并且在罗伯特·弗里德兰那里对东方教义有了深刻的理解。

拉姆· 达斯(Ram Dass)

拉姆·达斯原名理查德·阿尔伯特,20世纪60年代哈佛大学心理学教授,后为追求人生真义,赴印度灵修达数十年之久,是20世纪最受推崇的心灵导师。1971年,拉姆·达斯首部著作——绘本《活在当下》出版,在美国热销200多万册,其"活在当下"的理念唤醒了整整一代人的心灵意识。

2001年,拉姆·达斯潜心修习30年后,推出了《活在当下(30周年纪念版)》。该书在《活在当下》绘本的基础上加入了很多他自己修行的感悟,他曾面临疾病、衰老、死亡的威胁。劫后余生,他大彻大悟。在30周年纪念版中,拉姆·达斯力图为人们解决这个时代最大的心灵问题:"总是不能让该来的来,也不能让该去的去。"

1973年的夏天,弗里德兰去印度拜访了拉姆·达斯的印度导师——尼姆·卡罗里大师。同年秋天,弗里德兰从印度回来时,穿着一双凉鞋和一身飘逸的印度长袍,他还给自己起了一个印度名字,显得十分的超脱。

他在校园外的一个车库顶上租了间房。很多个下午，乔布斯着了迷似的去那里拜会弗里德兰，听他的高论。每一次回来后，乔布斯感觉到自己“达到了一个全新层次的觉悟”。

宗教对乔布斯的影响是不可估量的。乔布斯有很多异于常人的特质——他能够为了人生追求不受任何干扰，时刻专注，他可以持续投入激情。这些特质是从对宗教长时间的修炼中形成的。

除了宗教思想，乔布斯还学到了弗里德兰的“现实扭曲力场”。

这个名词听起来有些别扭，我认为“现实扭曲力场”本质上就是一种说谎的本领，通过不断的心理暗示使你相信那些不现实的事情，从而人为地改变现实。

乔布斯从罗伯特•弗里德兰那里汲取的第三个思想是“让自己成为焦点”。换成通俗的说法就是“自吹自擂，自我标榜”。

罗伯特非常善于标榜自己。他很会与别人交往，很会展现自我，很会控制局面。他有很强的气场，只要他一出现，人们就会注意到他。

刚到里德学院时，青年乔布斯既羞涩又谦逊，非常内敛。但是乔布斯成为弗里德兰的朋友后，弗里德兰常带他去歌舞厅。在那里，他们尽情地唱歌跳舞，特别是罗伯特，放开到几近癫狂。一段时间后，乔布斯那些内敛秉性便渐渐褪去。乔布斯之所以能成为一位杰出的推销员，把他的苹果产品推销到极致，这些跟他从罗伯特•弗里德兰那里接受到的焦点论是有直接关系的。

此外，乔布斯还在弗里德兰那里学会很多其他招数。譬如用凝视和沉默来征服别人的技巧等。

当然，朋友是相互吸引的，是互补的。乔布斯被弗里德兰蛊惑的同时，弗里德兰也深深地被乔布斯那种“震撼的激情”“兴趣发挥到非理性的极致状态”的魅力所吸引，甚至连乔布斯总是赤着脚走来走去的习惯也被弗里德兰当作非同一般的魅力来欣赏。特别是乔布斯超强的管理能力，弗里德兰更是由衷地赞叹不已。曾经一段时期，乔布斯帮助弗里德兰管理苹果农场。偌大的一座农场，里面有主楼，有仓库，有花园小屋，乔布斯领着一帮人，把果园打理得井井有条。

乔布斯与罗伯特·弗里德兰之间的学习和交流，我归为一句话，那就是：让自己受益，也滋润了对方。

最初的商业导师

在美国，诺兰·布什内尔被尊为“电子游戏之父”。

诺兰·布什内尔生于1943年2月5日，比乔布斯年长十来岁，他们之间算是忘年之交。

在乔布斯眼里，布什内尔是他电子方面的导师，也是他商场上的好朋友和兄长。

“电子游戏之父”诺兰·布什内尔（Nolan Bushnell）

毕业于美国犹他大学的诺兰·布什内尔是一位全球级的电子领军人物，他极富创造性。早在1971年，他用廉价的电子器件，发明了世界上第一台名叫“乒乓”(Pong)的商业化电子游戏机。由此他被人们誉为“电子游戏之父”。他创办了雅达利公司，推出革命性的视频游戏Pong。随后，这位富有创造性的新富又开设了结合快餐、游戏和娱乐于一体的Cheese餐馆。

与罗伯特•弗里德兰不同的是，乔布斯与诺兰•布什内尔的缘分极早。他打小就结识了布什内尔——在乔布斯家搬到帕洛阿尔托之前，诺兰•布什内尔就和乔布斯是邻居了。那时的乔布斯经常到诺兰•布什内尔家串门，经常向布什内尔打探一些关于电子元器件方面的问题。布什内尔很喜欢这位勤学好问又好动的小兄弟。搬离南旧金山很多年以后，乔布斯和诺兰•布什内尔还一直保持着良好的联系。乔布斯刚刚从里德学院退学就直接投奔诺兰•布什内尔。这一年的乔布斯才十七岁。

乔布斯在里德学院只读了六个月。在此期间的一天，他蓦然发现在这里迷失了方向，无法找到人生的价值。而且这种“迷失了方向”的学习却耗尽了他父母的一辈子积蓄。他内心纠结不已。最后，他毅然决然地做出了让他一生都不后悔的决定：退学。他要走出校园，去找一份自己想要的，又能帮衬父母的工作。

去哪找工作？找份什么工作？乔布斯很快有了他的第一选项，他决定找他的老朋友诺兰•布什内尔，到他的雅达利游戏公司去打工。

可以说，这是乔布斯一个非常理性、非常明智的选择。乔布斯不只是找工作，而是找老师，找他的人生方向——大家可知道当时的雅达利公司是一个什么样的公司？它当时是一个具有全美最前沿、最先进、最富创造理念的公司。这个公司的选人方式也相当特别，无论你是从哪所大学毕业的，无论你学哪个专业，甚至无论你有没有文凭，他只看你的能力和付出来决定你是否能进公司。的确是英雄不问出处。

诺兰·布什内尔与雅达利"乒乓"游戏机

雅达利公司是全球第一家电脑游戏机厂商。它最大的贡献是开创了电脑游戏产业。

在雅达利公司工作的几年里，乔布斯完整学习消化了雅达利公司的文化精神，并且把这种文化精神运用到他后来创办的苹果公司里。

乔布斯逝世后，很多学者在他们关于乔布斯的著述里，反复论证诺兰·布什内尔对乔布斯的影响。结论是：苹果部分企业文化源自雅达利。我直白地说，苹果公司的招聘文化源于雅达利。

不过我们可以想想另一个问题：乔布斯可以学习雅达利，我们不可以学习苹果吗？学者们不如转个向，探究一下我们的企业文化如何吸收苹果的企业文化。

最初的合伙人

迈克·马库拉(Mike Markkula)

迈克·马库拉，1942年生，年长乔布斯十多岁。代沟在他们之间表现得很明显。当然，他们之间最根本的冲突还是性格的差异，理念的差异。

迈克·马库拉是当时全美名气极大的投资家。他不到30岁，就从英特尔一名普通员工变成百万富翁。

依据他在英特尔公司的经验，马库拉灵敏地嗅到了未来电脑市场的潜力。于是，他投资25万美元，买下苹果公司30%的股权，自己当苹果的董事长，乔布斯成了副董事长。他让沃兹当他的副总经理，负责产品的研究与发展，同时还参与公司管理。这样，马库拉、乔布斯、沃兹三人各占了苹果30%的股份，成为苹果的3个大股东。

一开始，三人目标一致，励精图治，公司业绩蒸蒸日上，从1977年的250万美元翻到1982年的为5.82亿美元。但马库拉和乔布斯的分歧也明显增大。最后，他俩不得不摊牌了——乔布斯为了制衡马库拉，把约翰·斯卡利(这个人物在下章介绍，这里不多加评说)拉到了自己旗下，让他当公司总裁。马库拉也不是省油的灯，1985年，他趁着斯卡利和乔布斯关系出现裂痕的时候，与斯卡利联手，把乔布斯逼出苹果。直到1997年，乔布斯再度“杀”回苹果，马库拉败北并被请出苹果。硝烟散尽，两人再也无缘共事了。

迈克·马库拉把他的三条原则写在这张纸上递给乔布斯……

无论乔布斯与马库拉为了公司的管理权如何你争我斗，无论他们有多少恩恩怨怨，他们彼此心底里总是庇护着对方，给对方留着一块“温暖的地方”——在创立苹果之初，乔布斯缺乏资金、人手，是迈克·马库拉慧眼识真才，给他提供了充足的资金；当苹果董事们要对乔布斯提起诉讼时，是马库拉站出来为乔布斯辩护。而对乔布斯来说，他把迈克·马库拉当作他的良师益友。他从迈克·马库拉那里学到了很多东西，如马库拉的三条产品原则：

一是共鸣，即了解顾客需求，使产品尽量满足他们的需求。

看苹果公司当今发展，你就明白了，苹果电脑有强大的图形效果，成为人们制作视频、音乐、照片的绝佳帮手，真正贯彻与顾客共鸣的产品原则。

二是专注，即拒绝不重要的机会，做好最有必要做的事情。

苹果公司的市值在巅峰时达到了近6000亿美元。规模如此庞大的公司，产品线的数量却寥寥可数。这就是专注的财富效应。

三是灌输，即用产品迷人的外观给顾客留下深刻印象。

苹果产品无一不具有美丽的外观，给顾客灌输了远胜于其他同类产品的深刻印象。乔布斯践行了迈克·马库拉的灌输理念，创造了灌输的丰厚的文化效应。

马库拉的三条产品原则，在乔布斯这里，通过学习运用到了青出于蓝而胜于蓝的境界。

孔子说："既欲其生，又欲其死，是惑也。"这是人类常有的一种矛盾心理。关键是我们在生活中如何能控制好这样一种心理。乔布斯为我们做了一个示范。试想，假如乔布斯只因为个人喜好把马库拉过早地逐出苹果，苹果的企业文化一定是有残缺的。

回归苹果巧遇零售大王

米拉德·德雷克斯勒是一位全球级的“零售”天才——1980年，36岁的德雷克斯勒坐上了梅西和布鲁明戴尔百货商店（Abraham & Strauss女装零售商）总裁的位子。他仅用了3年时间，把这家走下坡路的女装公司打造成最红火的零售商店。他接管GAP19年，GAP年盈利从4亿美元涨到140亿美元，规模从450家连锁店扩展到2000多家。GAP变成了全球知名品牌。人们由此而给了他一个响亮的外号：“零售业的乔布斯”。

被誉为“零售业的乔布斯”的米拉德·德雷克斯勒

出生在纽约的德雷克斯勒，小时候和乔布斯一样，深受其父的影响和熏陶——他父亲特别喜欢服装，把工资的大部分都拿去买各式各样的服装。这些服装带给了德雷克斯勒多种多样的感受。

从纽约州立大学布法罗分校毕业、又获得波士顿大学MBA的德雷克斯勒被GAP的创始人唐纳德·费舍尔看中了。很快，德雷克斯勒用自己的天赋创造了GAP惊人的销售业绩。他丢弃了GAP过去的一切，改造GAP的门店,外表虽然简约,但却用很有质量的服装吸引顾客;他扩张GAP和香蕉共和国的经营范围;他推出了GAP童装系列;推出更便宜也更潮的老海军品牌。德雷克斯勒的老海军品牌营销策略是最高明的。他把美国家庭年收入低于4.5万美元的消费者吸引了。可以说,没人比米拉德.德雷克斯勒更了解各个层次消费者的心理，他们在想穿什么样的服装……米拉德•德雷克斯勒完全改变了美国零售业的面貌。

1997年,乔布斯回到苹果时,这位GAP的前CEO——米拉德•德雷克斯勒已是苹果公司董事会成员。乔布斯当然不会放过就在他身边的这位重量级的学习对象。

1999年,乔布斯决定发展苹果产品的零售店。他要像德雷克斯勒那样,让苹果零售店在全美乃至全世界生根发芽。乔布斯从德雷克斯勒的成功里感悟到:零售店是一个品牌最好的实体表达。

米拉德•德雷克斯勒也很敞亮，他毫无保留地向乔布斯传授了自己的零售理念:控制产品,专注产品。即苹果零售店只卖苹果产品,苹果产品只能在苹果零售店购买。

乔布斯毫无遗余地接受了米拉德•德雷克斯勒的零售理念，而且把它发挥得淋漓尽致。很快,他的苹果零售店开遍了全美,走向了世界——今天苹果公司零售店在全球取得了巨大的影响和利润,就连德雷克斯勒本人也没想到,他的零售理念及成功的经验居然会被乔布斯学以致用得如此卓越。

唐纳德· 费舍尔

美国当代著名艺术收藏家，休闲服装品牌GAP的创立人之一，零售行业的领军人物，慈善家。

GAP：美国时尚品牌，创立于1969年，在全球近30个国家拥有超过3000家专卖店。2010年，GAP登陆中国，产品包括女装、男装、婴童装。

香蕉共和国（Banana Republic），GAP集团旗下偏向贵族风格的品牌，其设计款式较为新颖，属于中高价位，是美国大众普遍接受且喜爱的品牌之一。

老海军（Old Navy）是美国知名品牌GAP旗下的品牌之一，与GAP、香蕉共和国为同一家族成员。不同于GAP的低调设计及香蕉共和国的都会风格，老海军将美国人喜爱的大自然与运动休闲轻松风格融入设计理念。通过活泼的色调、大胆的设计，使三个品牌中最晚创立的老海军很快就成为美国家喻户晓、最受欢迎、最具代表性的时尚国民品牌。

二、向同事学习

无可替代的乔尼与独一无二的苹果

有些领导，发现下属比自己能力强，就想着打压，这样的领导丧失了向下属学习的好机会，也就没机会完善自己。乔布斯则不然，他很善于向下属学习。他曾向他的设计主管乔纳森•艾弗(大家都习惯叫他“乔尼”)学习，并且非常谦恭、亲近，留下了一段佳话。

1997年9月，乔布斯怀着更大的野心重返苹果，出任公司的临时CEO。他要打出的首张牌是：立即生产出让顾客感觉友好的产品。要打好这张牌，他需要优秀的产品设计师。

苹果公司召开动员大会这天，乔布斯宣布，公司不仅追求利润，也要做出伟大的产品，重视设计。这样的理念深深打动了乔尼。起初乔尼怀着对设计的热爱来到苹果，可是乔布斯之前的CEO都只注重利润却忽略了设计，乔尼正准备辞职。乔布斯经过考虑后，决定与热情细腻的乔尼搭档设计苹果的新产品。此时的乔尼·艾弗，仿佛当年的诸葛亮遇上刘备，二人堪称工业设计史上最完美的搭档之一。

乔纳森·艾弗

乔尼是英国人，他在伦敦东北部清福德小镇长大，是一位银匠的儿子。在纽卡斯尔理工学院学习时，他曾经设计了一支钢笔，笔帽上有一个可以拨弄的小球，让使用者和钢笔建立有趣的“情感互动”。此外，他还设计过一台自动取款机和一款流线型电话机，这两个作品都曾获得英国皇家艺术学院奖。他的设计不仅精美，而且还关注工程学以及内部元件的工作原理。

乔布斯发自内心地尊重乔尼，亲近乔尼。他把乔尼当朋友，当家人。他经常和他一起共进午餐，邀请乔尼到他家中共度周末。

乔布斯夫人一语中地道出了乔尼在乔布斯心中的位置："在史蒂夫的生活中，大多数人都是能够被替代的，唯独乔尼不能。"

投我以桃，报之以李。知遇之恩换来的是乔尼的激情奉献。他深度理解乔布斯的核心理念、商业灵魂和营销灵魂，快速推出乔布斯内心追求的产品构想。而这些构想融合了乔尼的宏观简介和对细微之处的考虑。他给1998年的iMac电脑的设计很有意思。他在iMac显示器上设计出一个提手，这一细节展示了苹果产品亲切友好的形象。而这神来之笔，除了乔尼，还有谁能为乔布斯勾画出呢？

这就是乔布斯的过人之处，他人无法企及之处：把下属当作学习的对象、合作的搭档、精神的伙伴。他尊重下属、礼待下属，而不是收买下属、利用下属。

化解IPhone 4危机于无形的麦肯纳

乔布斯虚心向贤者学习，不仅表现在礼贤下士，还表现在求贤若渴。

里吉斯·麦肯纳就是他“求”来的。

里吉斯·麦肯纳是美国一位了不起的公关专家、广告策划人、风险投资家。请他支招，乔布斯可没少费周折。

1970年，麦肯纳就在硅谷创立了里吉斯·麦肯纳营销顾问公司。2000年，他又进行高科技风险投资，成为名扬世界的风险投资家。

麦肯纳做过的广告方案都称得上是大手笔。他改变了英特尔公司的广告风格，广告中出现的赛车与扑克筹码比以前的性能图表更吸引眼球。他还为基因泰克等公司策划过广告。

麦肯纳对高科技的风险投资亦成就非凡，很多大名鼎鼎的公司，如美国在线、苹果公司、商地公司、艺电公司、凌特公司、微芯公司、微软公司，还有日本、欧洲一些技术型大企业，它们在初创时期都得到过麦肯纳的支持和帮助。1979年，这位硅谷怪才里吉斯·麦肯纳终于接受了乔布斯的邀请，来到苹果公司，这可是乔布斯“三顾茅庐”、精诚所至的结果。

能把这位骨子里冷酷坚韧的大才招至麾下，恐怕只有乔布斯能做到。乔布斯看到英特尔公司的新广告后，他打听到广告的设计方是里吉斯·麦肯纳的团队。于是他迫不及待地把电话打过去。没想到，麦肯纳把电话撂给他的助理。那意思再明白不过了：一边去，我不想搭理你。

里吉斯·麦肯纳(右)

哪知乔布斯求贤若渴，怎会轻易罢休？他展开了马拉松式的拜访，一天一个电话。让接电话的人都傻了：天哪，这人谁呀？肯定是个怪胎，要不就是小丑……最后，对方抵挡不住了，终于派人考察了刚诞生的苹果公司。乔布斯赢得了“观察员”的好感后，受邀会见麦肯纳。一见面，两人顿感相见恨晚。

这次会面后麦肯纳答应让他的团队为乔布斯的Apple II型电脑设

计宣传手册。而首要的是更换苹果的商标图案。他的团队很快就拿出两个版本的图标：一个完整的苹果，另一个则是被咬了一口的苹果。乔布斯一眼就看上了被咬了一口的苹果图标。这个图标被加上六种绚丽颜色的水平色条，最终被选定。麦肯纳特地为乔布斯的选择赠上一句格言："至繁归于至简。"至繁归于至简，正是乔布斯一生设计理念的精髓。

当危机发生时，麦肯纳把危机作为现成的讲义，传授给乔布斯。

2010年6月，iPhone 4刚发布，竟出现意想不到的状况：很多用户发现，当他们左手握持iPhone 4时，手机信号会丢失。针对iPhone 4的相关测试结果表明信号丢失的几率达到1%左右。这让全世界哗然。iPhone 4可不是一般的手机，它是iPhone系列的传承，它应该完美无瑕。出现这样严重的问题，无疑对不起消费者长期对iPhone的钟情。

媒体开始狂轰滥炸，对iPhone 4的负面报道铺天盖地，《消费者报告》直截了当地建议消费者不要买iPhone 4。

事态发生之突然，让乔布斯一时乱了方寸。他似乎预见，花费了公司上下几个月心血的iPhone 4就要因为一点瑕疵而被毁掉。如果不赶紧采取行动，"一颗老鼠屎，坏了一锅粥"的情况真的会上演。

唯有麦肯纳气定神闲、临危不乱，他告诉乔布斯：现在不是向消费者辩解的时候，也不需要向消费者卑躬屈膝。恰恰相反，我们要向消费者提供真实的数据，向消费者提供挽救的举措，那么一切都会好起来。

得到麦肯纳的指导，乔布斯立即召开新闻发布会，他告诉消费者："我们不完美，我们的手机不完美，我们都知道这一点。但是，我们要让你们满意。”他宣布:不满意者,可以退货;如不退者,送你手机套。

乔布斯坚定、坦诚的表现赢得了大众的谅解。最终,iPhone 4的退货率比其他手机要低很多,甚至成为苹果史上销售速度最快的产品。一场危机终于平息了。

媒体观察家对此感到惊讶。的确,乔布斯开创性地没有召回问题产品,他对此次危机的处理方式成了经典案例。

然而危机的化解不能忽略前提——乔布斯如果没有向麦肯纳学习,毫无经验的他对这样的紧急事件可能无从下手。

三、向潮流学习

包豪斯潮流

一个产品的设计不能脱离潮流，不能背离普遍的审美观念。抓住潮流是赢得消费者的不二法门。

乔布斯就很善于学习潮流。他竭力让艺术与科技联姻，学习、推崇包豪斯潮流。

包豪斯的名字，由上世纪初德国著名的建筑师、设计师格罗皮乌斯在德国魏玛创建的国立建筑学院的简称包豪斯得来。

包豪斯的理念是：完整的建筑物是视觉艺术的最终目标，艺术家最崇高的职责是美化建筑。但是，这种目标与职责不是孤立存在的，而是所有工艺技师——建筑家、雕刻家、画家们共同的目标和职责。

这种先进的包豪斯理念很快被人们广泛地接受，并且在欧洲、在北美形成了包豪斯运动。

包豪斯运动表达的是包豪斯理念。它的思想简单地概括为：
建筑应同工业相适应；
建筑师应研究和解决建筑的实用功能与经济问题；
用新材料、新结构促进建筑技术革新。

包豪斯理念在世界范围内得到传播，并被工业界广泛地接受。受包

包豪斯风格的建筑

豪斯潮流影响，美国涌现了一批杰出的设计师。如罗维，他设计的“可德斯波特”牌冰箱，年度销量从1.5万台猛增到27.5万台。还有盖茨、德雷夫斯等人。

从1981年开始，乔布斯每年都会参加阿斯彭国际设计学术研讨会。学术研讨会上，他接触到包豪斯运动。乔布斯最崇尚包豪斯三个基本观点：

1. 艺术与技术的统一；

2. 设计的目的是归结于人而不是产品；

3. 设计必须遵循自然与客观的法则来进行，风格简约、精良实用。

之后，乔布斯将包豪斯理念引进苹果的产品之中。他充分地利用包豪斯的简约设计及干净的形式和线条来突出产品的合理性与功能性。乔布斯在1984年的Mac电脑研发团队所在大楼的中庭里放置了各种各样的玩物，比如贝斯朵夫钢琴、宝马摩托车等他希望团队成员接触精良实用而且充满艺术享受的产品，希望他们感受到这些产品背后的包豪斯理念。正因为他对研发团队进行艺术的熏陶，Mac电脑才结合了艺术敏感性，大大地提高了生产能力。包豪斯理念影响了乔布斯的工业设计——他让电脑、手机、平板电脑等首次变得潮流化。工程视角＋艺术品位＋大众需求＋细节苛求=令人惊叹的划时代的产品。

包豪斯设计的最大价值在于创新，乔布斯把用户体验作为设计创新的重要切入点，使消费者感觉到使用苹果的产品让他们生活在人文与科技的交汇点上。

艺术潮流

艺术潮流的外延极广：文学、戏曲、书法、绘画……我们这里所说的“艺术潮流”，是指乔布斯在书法艺术潮流方面的学习。

乔布斯从里德学院退学后，并没有立即离开学校，而是挑选他感兴趣的课程旁听。乔布斯尤其陶醉于书法课程。

他在这些书法课程中，接触到流行的优雅的有衬线及无衬线字体，并且了解了什么样的字距和行距是美观的。后来他将这些艺术字附加在电脑里，让普通消费者感受到掌握字体知识的乐趣。

乔布斯在这些书法艺术的陶冶中，他获得了一个贯穿所有苹果产品的理念，就是要让艺术与科技完美结合。

堪称艺术与科技“才貌双全”的Mac

iMac（苹果电脑）区别于装配有微软Windows系统的PC。PC是Personal Computer（个人计算机）的简称，所有装配Windows系统（前身是PC-DOS系统）的电脑被称为PC。苹果电脑因装配独特的MacOS系统，而称为iMac（自1998年以后Mac开始称为iMac）。国人一般称之为“麦金塔电脑”。苹果公司不但生产iMac的大部分硬件，连iMac所用的操作系统都是它自行开发的。苹果机现在的操作系统已经到了OS10。

四、向对手学习

乔布斯很善于向自己的对手学习。

历史上，中国不乏向对手学习的高手——汉高祖、唐太宗等，他们学习对手，连对手的起居习好也了如指掌。

乔布斯学习对手，借鉴他们的优点，用他们的失败作为警戒。最终苹果公司保持着技术领先的地位，也带动了整个电子消费品产业的繁荣。

施乐公司PARC中心"偷技"

在行业中，有一些公司实力雄厚，对苹果造成了很大的威胁。向对手学习！乔布斯是这样做的。我们先看看乔布斯是怎样悉心地向施乐公司这位对手学习的。

首先得从乔布斯到施乐公司的参观说起。

1981年，施乐公司想在苹果公司投资一百万美元。乔布斯答应了，但前提条件是允许他到施乐PARC中心参观一次。

PARC是施乐公司于1970年7月1日成立的一个部门。

在这栋2万平方米的PARC大楼里，竟然有170位科学家、工程师，还有60多位辅助人员。他们在这个中心里寻找制造、研发各个环节中出现的各种问题的答案。施乐公司投资建立这个PARC中心，是要将其作为一块从新技术和新概念的研发到未来新产品生产之间的跳板。

因为PARC在IT和高科技产品的发展史上一直扮演着一个非常重要的角色。中心里的所有人员每天都是怀抱着一样的热情来工作的。把技术从军队和工业综合体的掌握中解放出来，让计算机走向大众。

当然，施乐公司"技术第一"的文化氛围有时候也会使它成为攻击的焦点。PARC也经常会因为它的一些伟大的发明在投资收益上的失败而屡遭非议。正是它的伟大发明常常会被其他公司利用来赚大钱。这反衬了PARC创新的声望是毋庸置疑的。

施乐PARC研究中心的商业中心

“足以让任何别的电脑黯然失色”的苹果电脑的用户图形界面。

当时的施乐PARC中心在图形界面和位图显示的技术上已经成为行业先锋。乔布斯要利用这次参观的机会，好好地向这个"行业先锋"学习一把。他带了一大班子苹果公司的优秀员工去PARC中心参观。施乐公司当然有些戒心，中心的技术人员不想把他们的核心成果全暴露在竞争对手面前。乔布斯便巧妙地给施乐的高层打了一个电话。这位高层履行了当初的承诺，让他们看到了核心技术。其中一项就是乔布斯想学习借鉴的桌面技术。

桌面在今天很寻常，它已经应用到我们每一台电脑中。但在80年代初，对于大部分人来说，桌面是一个无比新奇的概念。一位苹果公司的员工回忆道，那时乔布斯在演示屏幕前挥舞着手臂，兴奋地涨红了脸。的确，他和他的员工被施乐的技术完全震撼了。

从施乐PARC中心回来后，乔布斯决定让苹果电脑拥有和PARC一样好的图形界面。

苹果公司那帮天才通过学习加上自己的创新，六个月后，他们成功地把施乐的技术变成了现实。他们使苹果电脑的用户图形界面足以让任何别的电脑黯然失色。直到今天，用户图形界面还是苹果电脑的一大优势。

当然，从道德的角度来讲，乔布斯的学习带有剽窃的性质。这次学习受到广泛的争议。有人说：乔布斯借参观施乐PARC中心之名，行20世纪最厚颜无耻的工业技术盗窃之实。

对此，乔布斯不以为然。他说："我们要让自己沉浸在人类创造出的最美好的事物中，尽力让那些精华为己所用。毕加索不是曾说过，'好的艺术家产生灵感，伟大的艺术家窃取灵感。'我们从不为自己偷学伟大的创意而惭愧。Mac之所以伟大，其中一个原因是创造它的是一群音乐家、诗人、艺术家、动物学家和历史学家，而他们恰恰还是世界上最好的计算机科学家。"

以索尼公司"短板"为戒

无疑，处于世界上民用、专业视听产品、通讯产品等领域领先地位的索尼公司，也是苹果公司一个强大的竞争对手，也是乔布斯一个密切关注、时刻跟踪学习的对手。

苹果公司在iPod播放器和iTunes音乐管理软件的组合推出后，乔布斯十分担心他的对手索尼公司也会推出类似的音乐组合。

他的担心不无道理。索尼拥有数十年生产时髦电子产品的经验，并且还签约了很多艺人。只是索尼公司还没有推出同样受人欢迎的音乐组合而已。一旦推出来，将是苹果产品强大的竞争对手。

索尼当然也想从苹果那儿分得一杯羹。不久，索尼推出了自己的音乐组合。乔布斯密切关注着市场动态。终于，他松了一口气——索尼的音

处于世界上民用、专业视听产品、通讯产品等领域领先地位的索尼公司

索尼公司(ソニー株式会社,Sony Corporation)由盛田昭夫与井深大共同创办于1946年5月,总部设在日本东京。索尼是一家全球知名的电子产品制造商,是横跨数码、生活用品、娱乐领域的世界巨擘。

乐组合失败了。然而更大的疑惑困扰着乔布斯,为什么拥有雄厚实力的索尼失败了?

乔布斯带着疑问探究索尼。几度深入,他终于认识到索尼失败的根源:索尼公司内部十分不团结。索尼公司是由很多部门组成的,部门过于计较各自的利益,不懂得为了一个统一的目标而协同工作。这种内耗使开发硬件、软件的部门与其影视、音乐业务部门无法合作。这家曾经创造了Walkman和特丽珑电视的公司,已经很多年未能引领流行电子文化了。

未雨绸缪,防患于未然。乔布斯以索尼的弊端为鉴,他更加努力地在苹果公司内部营造浓厚的合作文化。

寻找“对手”的短板,以此警醒自身,改进自身,完善自身。这是乔布斯学习对手的另一个方面。

没有音乐热情的微软公司

当微软公司眼看苹果的iPod占领了随身听市场的半壁江山时,他们也想来与苹果分一杯羹。于是,他们随即也开发出了Zune播放器。然而,Zune的开发却是微软的一个败笔——虽然微软Zune的外观和苹果iPod的外观相似,却远不如iPod轻巧。打了几年“垒”,微软的Zune所占市场份额还不到5%。

和上节我们介绍过索尼公司的情节相似,乔布斯又开始分析,研究微软Zune失败的根源。他又惊愕地发现:问题还是出自微软自身。微软公司的员工们竟然对音乐没有热情。没有音乐热情的员工怎么能开发出音乐与技术完美结合的、受广大消费者喜爱的随身听呢?好啦,下面就不用

APPLE少数能横跨PC和Mac平台的iPod播放器(一)

微软公司停止生产的便携式播放器Zune

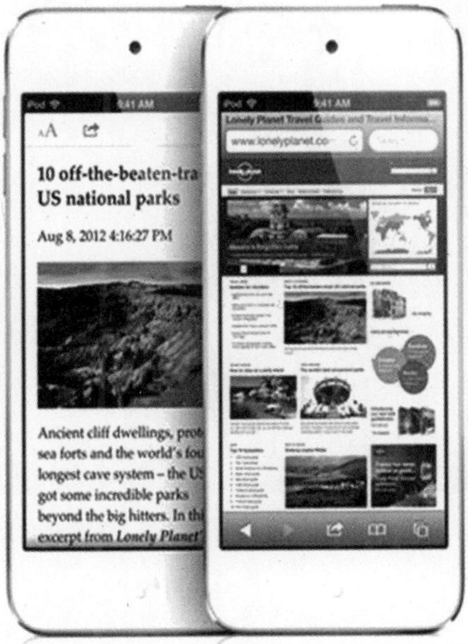

APPLE少数能横跨PC和Mac平台的iPod播放器(二)

我们多说了。清醒的乔布斯力避微软弊端,精选了苹果那些极具音乐热情的员工来做他的iPod。接下来的iPod当然做得更加精致完美,更加受到消费者青睐。

消费者是公允的。他们放弃了Zune,选择iPod。

也许,比尔·盖茨还蒙在鼓里,他做梦也没想到:击败他精心打造的Zune,不是别人,竟然是他自己的员工。而乔布斯却比他更清楚Zune失败的原因,这不能不说是乔布斯的过人之处。

比尔盖茨在街头宣传他的Zune

五、向失败学习

中国有句古老的警句格言：亡羊补牢，未为迟也。

丢了一只“羊”，没必要过于自责，若及时加固“羊圈”，保住了剩下的“羊”，就是最好的补救方式。孔子也说“君子不二过”。人们从中引申出一个醒世道理：做错了事不要紧，要紧的是从中总结经验，吸取教训，甚至变坏事为好事。

乔布斯特别明白亡羊补牢这个道理。他善于在亡“羊”后及时地补“牢”，善于在自己的失败里寻找成功所需要的一些必要条件，让失败作为成功的铺垫。

从Apple I之败到狠抓外观设计

Apple I是乔布斯经历的第一次失败，且败得让乔布斯难堪。

1975年6月29日，乔布斯和沃兹·尼亚克在惠普公司办公室里，手工打造出第一台、模样像打字机、主板裸露在外、需连接电视机作为显示器的电脑——Apple I。

Apple I作为苹果的第一代产品，总共生产了200台，并且在1976年的4月，将它们推向市场，售价为666.66美元。

当然，和现在的苹果电脑相比，当年Apple I犹如一只“丑小鸭”，用户还必须配上键盘、显示器和机箱后才能使用。

但在乔布斯眼里，Apple I可是他心中的“白天鹅”。当第一届大西洋年度个人电脑节举办时，他不假思索地带着Apple I去参展。

被人们称为“丑小鸭”的Apple I，谁也没想到，如今可是身价不菲啦，它成了今天收藏家们的最爱

在展位前，年轻的乔布斯自信满满，他认为他的Apple I性能强劲，无与伦比。

然而，一切都不是他所想象的情景。他的展位前，冷冷清清，Apple I并没有被人们青睐。

我们可以想象，对当时的乔布斯来说，这是一个多么沉重的打击。他的第一个美梦，竟然被击得如此粉碎。

然而，受伤的乔布斯很快平静下来，他认真总结了Apple I失败的原因，不得不面对这样一个事实：他的Apple I在外观设计方面确实太落后了。

于是，乔布斯在苹果电脑的外观方面狠下工夫。

Apple Ⅱ的雏形在1976形成了。这一次，乔布斯出高价请人设计了Apple Ⅱ独有的外壳，而且电源、键盘等全部配备到位。这种消费者只要插上电源就能使用的Apple Ⅱ在第一次展出时就吸引了很多的眼球。此后十六年间，各式型号的Apple Ⅱ总共售出600万台，真正开创了个人电脑行业的新纪元。

今天的苹果电脑经过几十年的完善，已经令人炫目、叹为观止。

从“丑小鸭”到“白天鹅”，苹果电脑这个神奇的蜕变是乔布斯一手促成的。

然而，让我们感受颇深的不是乔布斯的神奇，而是乔布斯败后奋起的学习精神。没有这种精神，乔布斯也就没有了日后的辉煌。

令人炫目、叹为观止的苹果电脑

从ROKR之败到拒绝简单拼凑

2005年，苹果和摩托罗拉联手推出的ROKR手机失败了。

不过，对乔布斯来说，这次的失败，又给了他一次学习的机会，一次为成功做的准备。

2005年，乔布斯发现：市面上的手机开始内置音乐播放器。这一发现，立即引发了他的担忧。让他深感不安的原因很简单：一旦手机内置了播放器，那人们还有必要买iPod播放器吗？

这个忧虑使乔布斯想到，得赶快找一家生产手机的公司，联合推出一款集通讯与音乐播放功能于一身的手机。和谁联手呢？他首选了摩托罗拉公司，双方协定：在摩托罗拉的畅销手机刀锋（RAZR）系列里内设置苹果公司的iPod。并给这款“混血儿”手机定名为“ROKR”。

让乔布斯意想不到的是，他和摩托罗拉公司的合作是一次失误、一个败笔。他们合作的ROKR，是一款既不耐看，也不耐用的手机。它既没有刀锋系列超薄的造型，也没有iPod迷人的简约风格，音乐播放功能也很差劲，只能容纳近百首歌曲。

ROKR手机彻底失败了。乔布斯在失败里寻找他想知道的答案。他很快明白：一个完整的产品不是简单拼凑成的，必须同时控制硬件、软件以及内容的生产，才能更好地带给顾客良好的用户体验。2007年1月9日，闭关修炼的乔布斯出山了，他给世界带来了新款手机iPhone，他让全球消费者对手机重新理解、定位，他从ROKR的失败中获得了颠覆手机世界的力量。iPhone的问世，震撼全美，

摩托罗拉与苹果联合推出的ROKR手机

震撼世界。

这一年的11月，美国《时代》周刊评出了2007年最佳发明产品，苹果iPhone赫然入列。

《时代》周刊对iPhone的评语是这样写的："iPhone改变了我们对移动媒体设备的一贯想法，包括它们的外观、手感和功能。"

还有一句评语，更耐人寻味："……触摸屏不是苹果发明的，连重复发明的边儿也摸不上。虽然不是发明者，但苹果在使用方面却是一个高手。它的工程师利用这种技术革新了过去的图形用户界面，进而创造了一个全新的界面。"

这个评价太有水准了！它阐明的是这样的一个理：能使用发明和创新发明一样是高手。乔布斯就是这样的高手。

乔布斯这位高手推动着苹果不断超越，也带动了摩托罗拉的进步。他们在这次不成功的合作中感受到乔布斯的人格魅力。他们也开始重视产品的设计风格，使原本是产品流水线末端、只扮演美容师功能的设计师的地位也得到空前提高。用摩托罗拉发言人阿兰·布登戴克(Alan Buddendeck)的话来说："与苹果公司的合作，对摩托罗拉来说是一次很好的学习过程。"

Chapter 3 第三章

合作才能成功

乔布斯睿智的另一表现是注重合作

乔布斯感动世界的一个原因是他的合作精神

苹果每一件产品里都流淌着

一个永恒的、闪动的灵韵

这个灵韵就是乔布斯的合作精神

乔布斯的合作精神既是苹果的生命源

也是苹果的活力源……

乔帮主语录

The only way to do great work is to love what you do.

成就一番伟业的唯一途径就是热爱自己的事业。

一、乔布斯的合作精神

苹果的生命之源

乔布斯睿智的另一表现是注重合作。

乔布斯感动世界的另一个原因是他的合作精神。苹果的每一件产品里都流淌着他一个永恒的、闪动的灵韵。这个灵韵就是乔布斯的合作精神。乔布斯的合作精神既是苹果的生命源，也是苹果的活力源……

乔布斯与苹果公司设计主管乔纳森·艾弗

乔布斯是踏着合作的阶梯登上成功的塔顶的。我把他的合作归为以下四个方面：

1. 产品合作
2. 渠道合作
3. 品牌合作
4. 内部合作

进入20世纪以来，工业、科技的飞速发展要求这个世界是个合作的世界。2005年的统计资料显示:近三分之二诺贝尔奖获得者是与他人合作研究的结果。2012年的资料进一步显示:诺贝尔奖获得者因合作获奖的比例已超过80%。为了实现共同的目标,双方甚至多方合作共进,已成为我们这个时代的最强音符。

合作需要合作精神。当今时代,这个世界需要一种什么合作精神?

合作精神首先是一种"龟兔精神"。

龟兔精神

对合作双方来说,合作的精神很重要。

高贵的合作精神带给你一个完美的结果;片面的合作精神大多以悲壮的形式落幕。合作精神决定了合作的性质、意义及其所产生的社会效应。

人们常会说到一个词:狼狈为奸。狼、狈一起干坏事,这也是一种合作,是互相勾结、相互利用、不择手段的合作。当然,也为社会所不齿。

乔布斯的合作精神称为"龟兔精神",即龟与兔之间的合作精神。

龟兔是怎样合作的?这里有个新版的《龟兔赛跑》寓言,大家看看就会明白。

有一天，森林中举办一场别开生面的田径大赛——兔子对决乌龟。

看台上，人们兴趣索然。因为不用看，就已经知道比赛的结果了。

然而，让所有人感到意外的是，过了许久，却见兔子和乌龟一同到达终点。原来，兔子被一条河挡在半道上，是乌龟驮着兔子过河，兔子才得以赛完全程。

河流面前，龟兔合作了。

一场极不对称的对决就在他俩的友好合作下圆满谢幕。大赛委员会全体委员一致同意——龟、兔并列第一。

这就是乔布斯的合作精神：共存、共进、共赢。这样的合作精神怎么不让人感动呢？这样的合作也一定是长久的。

言归正传。我们来看乔布斯合作的第一个方面——产品合作。

二、1+1>2的产品合作

简单地说，乔布斯的产品合作就能产生1+1>2的效果。

乔布斯把“龟”的长处和“兔”的长处结合起来，创造出远大于“龟”“兔”二类产品的单独的效益——这就是乔布斯的产品合作。

在这一节里，我将略叙乔布斯精彩演绎的两幕合作大戏：

一是他成功地将苹果的产品与微软的产品进行合作；
二是他成功地将苹果的产品与英特尔产品进行合作。

1+1>2，我们想象一下，强强联合，那将多么令人生畏？

也许直到现在，说到1+1>2，还有不少人在摇头。因为他们始终在概念上纠结，没有联系实际。

相关链接

“尿片+啤酒”

在美国，一些机灵的商家大多明白个中道理。就连美国一家沃尔玛超市里的一位普通工作人员，在她统计产品的销售信息时，也从中悟出了这个大得不得了的商机。

原来，这位员工整理超市每天的产品销售单时，惊奇地发现：每到周末这天，啤酒和尿片的销量就特别大。

这是为什么呢？她和同事们饶有兴趣地求证起来。原因就是，在美国，买尿片是爷们的事。喝啤酒也是爷们的嗜好。周末这天，男人们在下班回家的路上，要遵照老婆的吩咐，在超市买上小孩一周的尿片。当然，这些爷们不会忘记自己喜欢的那一口，他们会顺便捎带上一些啤酒。

原来如此。沃尔玛的员工灵机一动，就设置了“尿片+啤酒”的货架。这两类风马牛不相及的产品放在了一起，一下子就提升了尿片、啤酒的销售量，提高了超市的营业利润，造就了1+1>2的结果。

于是，“尿片+啤酒”销售方式风行全美。商家运用同样的方式，把其他一些商品组合在一起出售。

乔布斯当然注意到了“尿片＋啤酒”这种巧妙的商品销售模式，由此萌发了一个更好的想法。在他看来，连尿片与啤酒这两类八竿子都打不

在美国沃尔玛货架上，尿片和啤酒摆在一起出售

着的产品都可以搭配互补，为什么苹果产品不能和其他公司的产品互补，与其他类别的产品建立紧密的合作关系呢？

于是，乔布斯开始了具体行动……

可谁也没想到，乔布斯精心挑选的合作对象竟是苹果公司的夙敌——微软公司。

在一个风和日丽的日子里，他高调向大家宣布：他要让苹果产品与微软产品互补合作。

人们不禁问道：这可能吗？乔布斯病得不轻吧？

苹果与微软合作

早在70年代末，苹果开发Apple II时，就曾经与微软合作，在Apple II中装载Word。这次产品合作，使Word成为全球最流行的计算机应用软件之一。随后盖茨萌发了和苹果深化合作关系的意愿，决定为1984年的Mac电脑编写Word和Excel。然而乔布斯离开苹果后，苹果和微软就陷入了关于微软侵犯苹果知识产权的诉讼当中。

微软公司

乔布斯决定让苹果产品与微软产品合作的这个当口，也就是1997年，乔布斯重返苹果的时候，两家公司官司已打了十多年。

官司在那儿胶着，两家公司还谈什么产品合作？

但是，苹果公司因为长期没有研发出知名的产品，业绩一落千丈，遭受了巨额亏损，几近破产的边缘，形势无比严峻。而与之相反的是，微软与英特尔联盟的产品笑傲江湖，纵横市场，全无敌手。

山穷水尽之时，乔布斯意识到，要使公司起死回生，唯一的途径就是与微软公司化干戈为玉帛，走上合作之路。

乔布斯告诉苹果的代理律师："我们没有必要与微软继续打这场官司了。我们也不需要即将到手的对微软的10亿专利罚金。"乔布斯在为与微软的合作进行准备。

随后，乔布斯在Macworld大会上通过卫星连线和比尔·盖茨视频通话。当着几千名苹果粉丝的面，他直截了当地向这位被告表达了合作的意愿。

盖茨为他的真诚所动，当即宣布：微软与苹果开启新的合作，将在苹果电脑中安装Microsoft Office软件。

苹果CEO乔布斯(左)和微软董事长盖茨(右)

苹果电脑+微软Word(Excel)——两个完美产品的合作立即受到消费者的追捧。苹果电脑和微软软件的销量持续上升,很快也把苹果公司从死亡边缘拽了回来。苹果与微软这一对夙敌,昨天还厮杀正酣,今天就比翼双飞、两情相悦了。

然而苹果的粉丝们(以下简称"果粉")很不爽。他们怒骂乔布斯向微软投降变节的行为,"果粉"纷纷抗议乔布斯这种荒谬的合作。作为解释,乔布斯呼吁"果粉":"让我们忘掉'苹果必赢,微软必输'的看法吧。"

乔布斯能结束与微软多年的敌对，是因为他的大局意识。微软对苹果的一系列专利侵权固然让公司利益受损，但他看到了微软可以帮助苹果东山再起的前景。

在苹果推出了iPod音乐播放器后，2003年，乔布斯又决定允许苹果的音乐管理软件iTunes在Windows操作系统上使用。从此非苹果电脑用户也可以轻松地使用iPod了。这次的产品合作不仅使iPod销量大增，iPod用户群扩大，Windows也保住了用户群。苹果和微软再一次达到了双赢的合作效果。

2006年，苹果进一步在iMac电脑硬件上安装Windows系统的Boot Camp工具，实现了Mac OSX的双启动。

2008年苹果与微软再度进行产品合作，在iPhone里接受了微软的Exchange ActiveSync技术。

苹果在其Mail、iCal及Address Book等内置应用程序中也嵌入微软Exchange的支持。

苹果与微软强强联手，最终都赢得了市场，各自获得了丰厚的回报。

苹果与英特尔合作

乔布斯的产品合作得益于视角开阔、服务于总体的战略。苹果公司与英特尔公司的合作互补，同样值得称道。

成立于1968年、总部位于美国加州的英特尔公司，是全球最大的半导体芯片制造商，有44年产品创新和市场领导的历史，它推出了全球第一个微处理器。这种微处理器带来了计算机和互联网革命，改变了整个世界；它引领人类去迎接一个个性化计算机时代的到来。它大声地宣告：未来在我“芯”！

进入21世纪以后，英特尔芯片的速度在全行业里，速度最快、性能最强，成为一个立于不败之地的超级电子公司。

英特尔芯片凸显出的优势，被乔布斯高度关注。他迫切地希望苹果电脑里能装上英特尔的芯片。苹果电脑一定要和最快、最强的英特尔的芯片进行产品合作。

于是，他果断决定：用英特尔产品取代当时已经使用在苹果电脑里的摩托罗拉6800芯片。让他的苹果电脑执英特尔芯片之手，结成伉俪。

当然，合作前提是两情相悦。

总部在美国加州、具有44年产品创新和市场领导历史的英特尔公司

开始,乔布斯的合作意愿还停留在单相思的层面。英特尔公司前几任总裁一直对苹果公司印象不好。特别是在苹果坠入深谷、即将破产的时候,英特尔公司的大佬们还暗自庆幸又少了一个竞争对手,更没有想到要与苹果合作。

但乔布斯让合作变成了现实。乔布斯回到苹果后,大力创新,让苹果电脑重新焕发生机。英特尔公司的新总裁——保罗•欧德宁,准确地预测到苹果的潜力,并十分看好苹果电脑。他深知英特尔芯片与苹果电脑合作后,英特尔将得到巨大的好处,于是,他毫不犹豫地接过了乔布斯抛来

保罗·欧德宁

的橄榄枝。

2011年5月30日这天，人们惊奇地看到路透社的一条报道："英特尔公司的高层表达了为苹果公司生产芯片的强烈意愿。""英特尔公司和苹果公司就像是天生一对，英特尔需要苹果……""如果有像苹果或者索尼这样大公司想要与我们合作的话，我们连眼睛都不会眨一下就接受，能和世界上顶尖的公司一起合作，我们感到非常的荣幸和不可思议。"英特尔公司还不忘献殷勤。

接下来，英特尔派出了几十人的团队为苹果电脑中的新芯片编写程序。仅仅六个月的时间，英特尔芯片就完美地植入苹果电脑中——苹果产品终于携手英特尔产品！

接下来，苹果电脑因为植入英特尔芯片的缘故销量快速增长。英特尔公司自然也从中赚得盆满钵满。

时过境迁，昨天还对苹果不屑一顾、坐视不理的英特尔现在成了他们“荣幸和不可思议”的合作对象。

不论在国际事务中还是其他领域中，没有永远的朋友，也没有永远的敌人。认清自己的长处，联手有实力的伙伴，找到共同的方向，竞争力就自然增加了。

合作需要妥协

说到这里，我们还想再强调一下，合作过程中总是需要妥协的。

80年代初，乔布斯准备推出麦金塔电脑，他邀请微软为麦金塔电脑编写Office和Excel软件。比尔·盖茨很快同意了，并签订了合同。

合同中，乔布斯特别规定了一条：一年之内，微软不能开发任何图形软件。精明的乔布斯预测，一年之后，他的麦金塔电脑就能发布。微软一年后开发出什么图形软件来，也影响不到麦金塔电脑的销售了。

智者千虑，必有一失。麦金塔电脑的发布比乔布斯预期的推迟了一年。这样，微软也在完全不违背合同的情况下开发出了他们的DOS系统，而且抄袭了麦金塔电脑很多新颖的特性。

乔布斯怒火中烧，他立即找来盖茨，要跟他理论。

然而，当乔布斯发泄了愤怒、把脏话都骂完后，他冷静了下来，如果立即把微软告上法庭，那么微软就会停止开发用于麦金塔的Office和Excel软件作为回应。没有Office和Excel软件，人们对麦金塔电脑的期待就会大跌，麦金塔很可能会因此毁于一旦。

终于，乔布斯决定撇开一切，暂时妥协，与微软继续合作。

直到1984年，苹果与微软的合作结出了果实。麦金塔终于发布了，它因为能够装载Office和Excel而受到了消费者的热烈追捧。

三、神奇的渠道合作

乔布斯很清楚：一个知名的公司，其产品必须有固定的客户群。这个客户群被称为“定向消费群”，面向定向消费群的销售渠道称为“定向销售渠道”。

乔布斯就想，如果两个产品就销售渠道合作，比如让苹果iPod播放器的销售渠道与哪家著名的音乐公司的销售渠道进行共享，共享各自的客户群，那将达到怎样的美好预期？

为了让读者们直观地了解销售渠道共享的好处，我们先来看一下日本三洋公司和中国海尔公司的合作案例。

海尔与三洋的经典案例

三洋家电是日本三洋公司的主打产品，在亚洲乃至世界都享有极高的声誉。

上世纪80年代，三洋公司的家电产品曾风靡中国。有一台三洋录音机或一台三洋电冰箱曾是国人夸耀的资本。

创建于1947年的日本三洋公司，经过几十年的发展，已经是一家拥有上十万名员工，在世界各地拥有上百家分公司和营业所的大型现代化企业集团，资产总额超过500亿美元。1999年，三洋公司被《财富》杂志列入全球500强排行榜，排名第277位。三洋公司的锂电池技术、太阳能光电技术、冷冻储运技术和环境保护技术一直处于世界领先地位。

三洋总经理井植薰

三洋公司年销售总额均超出15000亿日元(约110亿美元)。三洋产品的销售渠道遍及世界各地。按三洋公司总经理井植薰的算法，三洋公司的销售渠道有上百万公里，能绕地球25圈。

井植薰是这样算来的:“按每秒钟赚1日元计算，将厚宽约1毫米的1日元

张瑞敏

1949年1月5日出生，山东莱州人。高级经济师，国防科技大学工商管理硕士。海尔集团董事局主席、首席执行官。

张瑞敏奇迹：将一个亏空147万元的集体小厂发展成为营业额1509亿元的全球化企业。蝉联全球白色家电第一品牌，连续九年位居中国最有价值品牌榜首。

铝币一个个叠加起来，长度可达100万公里，绕地球25圈。”

三洋集团1979年的年销售额已经达到了1兆日元。在日本，只有本田、索尼、丰田等几家大企业能与三洋相匹敌。

90年代，海尔公司总裁张瑞敏琢磨着一个问题——能不能借助日本

1984年创立于山东青岛的海尔集团

哪家公司的销售渠道，让海尔产品东渡日本，从而开拓全球市场？张瑞敏深知，海尔在日本是“人生地不熟”，没有当地人的帮助，是没有希望的。

巧的是，张瑞敏在思索如何让海尔产品进入日本之际，井植薰也在为三洋产品寻求打入中国市场的销售渠道。两位瞌睡的人为对方递上了一个枕头——一拍即合，互惠互利，上演了一场三洋与海尔渠道合作的大戏。2002年1月，海尔与三洋建立了战略性渠道合作关系：三洋充分利用海尔的销售网络，在中国市场销售三洋品牌产品；在日本大阪，海尔与三洋合资成立“三洋海尔股份有限公司”，在日本市场销售海尔冰箱和洗衣机等家电产品。

渠道合作让三洋产品较早地进入中国市场。同时，海尔也走进了日本市场，最后还收购了三洋海外产业，加快了海尔公司国际化的步伐。

2011年，海尔收购了三洋在马来西亚、菲律宾、越南、印度尼西亚五国电冰箱、洗衣机的市场销售权。继而横槊东下，共在全球建立了29个制造基地，8个综合研发中心，19个海外贸易公司。海尔在全球的员工超过6万人，品牌价值达到812亿元。

既然大家已了解了渠道合作的好处，接下来我们看看乔布斯进行渠道合作的经典案例。

一次划时代的渠道合作

乔布斯和音乐公司的渠道合作，是乔布斯所认同的龟兔合作精神的又一次具体体现。

苹果推出iPod播放器和音乐管理软件iTunes以后，乔布斯就在想另一个问题：iPod用户们要下载音乐怎么办？

当时iPod用户想要下载音乐，办法只有两个：一是到网上下载音乐，但这些很可能是盗版的；一是买唱片，把唱片里面的歌曲拷到电脑中去。

乔布斯本身是十分尊重知识产权的，因为他知道，如果苹果公司的专利被盗用，苹果产品将无法与各种山寨产品竞争，苹果的创新就丧失动力了，苹果终将破产。同样，如果歌手的作品被盗版，在没有回报的情况下，歌手也没有动力继续创作优质的歌曲。乔布斯认为，80%以上的人尊重知识产权，他们下载盗版音乐是不得已而为之，而苹果应该为他们开辟出销售正版音乐的园地。于是iTunes里开辟出了一个新分支——iTunes商店。乔布斯准备让iTunes商店售卖歌曲。

然而，最关键的问题是，苹果公司不是唱片公司，没有销售歌曲的权力。乔布斯便立即把他的目光锁定在唱片公司上，他要与音乐公司进行渠道合作。

iTunes

iTunes是一款数字媒体播放应用程序，由苹果公司在2001年1月推出，用于播放以及管理数字音乐和视频文件。并通过它将音乐、电影等导入到iPhone和iPad里。

当然盗版问题也困扰着音乐公司。因为盗版，音乐公司每年都要损失10%左右的利润。于是，音乐公司们两两联合推出一些音乐订阅服务。不过这些订阅服务都十分糟糕，用户订阅的音乐收听受到日期限制。用户甚至不被允许下载音乐。

在诸音乐公司无法达成一致时，乔布斯邀请音乐公司的总裁们参观他正在开发的苹果iTunes商店的界面，还向他们详细地介绍了他独创的“单曲售卖”的销售模式。

唱片公司的总裁们对iTunes的简洁界面大为吃惊:“太漂亮，太新颖!我们的技术人员怎没你们这本事呢?”不过乔布斯首创的单曲售卖模式却引发了他们的争议。

常规的音乐销售模式都是销售一整张专辑。而单曲售卖模式则是将专辑拆分，让顾客购买他们想要的单曲。音乐公司的总裁们就很纠结了，因为单曲销售打破了他们的常规模式，如果和苹果合作，他们的利润是不是会比以前小?

乔布斯给每首歌定价99美分，其中70美分付给音乐公司。这么高的回报，打消了音乐公司总裁们的顾虑。

于是，苹果公司和音乐公司的渠道合作就谈拢了。音乐公司承诺把音乐提供给iTunes商店。iTunes商店内最初会有20万首歌曲，此后歌曲数量还会不断增加。这样一来，音乐公司的原有顾客将会到iTunes商店里购买音乐，而iPod用户也成为音乐公司的客户——从而实现了苹果公司与音乐公司的渠道共享。

iTunes商店正式运营后，6天内就卖出了100万首歌曲，第一年共卖出了7000万首歌曲。歌曲的热销自然带动了iPod销售的增长。从此音乐成为苹果的一大块业务，苹果每年销售iPod的收入占到了公司总收入的一半。乔布斯的渠道合作，不仅使苹果开拓了业务，还帮助各大音乐公司稳定地增加收入。更重要的是，苹果公司通过在iTunes商店里销售音乐，开启了一个数字化商务时代，对人类做生意的方式进行了创新。

四、务实的品牌合作

乔布斯第三个合作的方式是进行品牌间的合作。

品牌涵盖了一个公司的文化特征，同消费者长期的印象和认知联系在一起。大品牌是在消费者普遍认同的基础上建立起来的。从某种程度上来说，大品牌本身就是财富。

既然大品牌是财富，那么能否通过合作来挖掘其中的财富呢？当然可以。乔布斯进行了品牌合作，同样让合作双方实现共赢。

1928年，沃尔特·迪士尼创作的《米老鼠和唐老鸭》

迪士尼的名牌效应

“迪士尼”是世界级大品牌。迪士尼公司的动画片家喻户晓。

这个闻名全球、总部设在美国伯班克的大型跨国公司，全称是The Walt Disney Company，由它的创始人华特·迪士尼的名字而来。迪士尼经营很多种产品：迪士尼动画电影、迪士尼手表、迪士尼饰品、迪士尼少女装、迪士尼箱包、迪士尼家居用品、迪士尼毛绒玩具……很多人是从小看迪士尼动画片长大的，迪士尼的产品也就自然成了他们的挚爱。可以说，迪士尼品牌的无形资产巨大。

1986年，乔布斯向卢卡斯影业的老板乔治•卢卡斯支付了500万美元后，再投入500万美元将卢卡斯影业旗下的一个电脑部门成立一家新公司——皮克斯。乔布斯是皮克斯主要的股东。皮克斯总共才40来名员工，他们每个人都是电脑动画制作方面的专家。几年以后，皮克斯经历了硬件、软件业务上的亏损，逐渐把数字动画业务作为主攻的方向。然而，皮克斯太嫩了，在普通百姓中几乎没有知名度。要想让大众了解、喜欢皮克斯，乔布斯第一时间里想到了与迪士尼合作，他要用迪士尼品牌来提升皮克斯的知名度。

迪士尼乐园

经过磋商，迪士尼将与皮克斯合作三部动画电影。迪士尼将负担全部制作费用，迪士尼还将拥有影片及其角色的版权，给皮克斯12.5%的票房分成。

合作的电影名叫《玩具总动员》。《玩具总动员》首部的情节是：一个家庭富裕的孩子拥有一屋的玩具，其中他最爱的是牛仔玩偶胡迪，胡迪因此成为众玩具的老大。

当小主人出门在外时，屋里的玩具们就能够做自己的事情了，沉浸在玩具家族的世界里。

一天，小主人带回了一个新的玩具：太空战警巴斯光年。巴斯光年外形新颖，令小主人爱不释手，这下可威胁到了胡迪的地位。他千方百计地要赶走巴斯光年。

一天，两个对手一不小心，一起掉到房间的窗口外，邻居的恶狗狂吠起来。邻居的小孩也来了，他可是一个玩具的虐待狂。胡迪和巴斯光年化敌为友，一起努力、化解危险，并最终成为好朋友。

经过长期的制作与修改，《玩具总动员》于1995年11月22日在北美公映。首映式上有“迪士尼与皮克斯联合制作”的大幅字样。

《玩具总动员》取得了惊人的成功，它成为当年的票房冠军，全球票房总收入3.62亿美元。《玩具总动员》不仅叫座还叫好，当年，《时代》称之为“本年度最具想象力的喜剧”。

新兴品牌皮克斯

接下来，品牌合作的效应就凸显出来了，《玩具总动员》让联合制作方皮克斯公司取得了巨大的知名度，人们开始将皮克斯与迪士尼等同看待。

迪士尼和皮克斯延续了第一部电影《玩具总动员》的成功，《玩具总动员2》于1999年上映，获全球票房4.85亿美元。《玩具总动员3》也于2010年推出。

皮克斯与迪士尼合作的第四部电影《怪物公司》推出后，两家公司的合同实际上已到期。2002年，乔布斯认为皮克斯没有必要继续和迪士尼合作了。那时的皮克斯已不是十几年前默默无闻的小公司了，从迪士尼一位董事会成员的评价可以看出来——“我们认为皮克斯已经成为动画界最强有力而且是最值得信赖的品牌。”

然而，在皮克斯蓬勃发展的同时，迪士尼却每况愈下，他们的动画业务持续亏损，他们独立制作的《星银岛》《熊的传说》并未达到迪士尼应有的水准。迪士尼终于意识到，皮克斯已经是必不可少的合作伙伴。

为了留住皮克斯，迪士尼放弃原来苛刻的条款，以收购皮克斯的方式合作。表面上是迪士尼收购了皮克斯，实际上皮克斯有反购迪士尼的味道。皮克斯保留了自己的域名和公司总部地址；皮克斯的高管替换了迪士尼主要部门的负责人。

这一保留、一替换，让皮克斯与迪士尼平起平坐。皮克斯的创意氛围深刻影响了迪士尼，帮助迪士尼重新焕发活力。现在，两大品牌在全球动画电影界都有举足轻重的地位。

轰动全球的《玩具总动员》

五、高效的团队合作

《向解放军学管理》的作者张建华在书中写道:“一家公司是否能成为铁军,还在于内部是否团结,内部是否营造出合作文化。”乔布斯也深深懂得这个道理。他竭力在公司里营造出合作的文化。他首先在空间设计上下工夫。

办公空间设计促合作

在《玩具总动员2》获得巨大成功后，乔布斯认为皮克斯需要一座可以展示公司形象的大楼了。乔布斯选择了一个废弃的工厂，拆除了旧建筑后，建造皮克斯的大楼。

这座新大楼的设计和以往的好莱坞工作室构造完全不同。乔布斯认为，像好莱坞工作室那样各自独立的大楼是为不同项目服务而构造，易让团队成员产生疏离感。乔布斯希望新大楼的空间设计能允许员工更多地碰面，从而激发出员工之间合作的可能。

新大楼是一座围绕中央中庭的庞大建筑，有点像古罗马斗兽场。

古罗马斗兽场

大楼的前门、主楼梯和走廊的中心都能通到中庭。那么中庭里有什么呢?有咖啡厅、信箱、会议室,一座容纳600人的小剧场,两个小放映室。

皮克斯大楼提倡的合作建立在自由的基础上。办公大楼里所有的空间都是自由的。不管是留着大胡子的男人,还是抹浓妆的女人均可以在大楼里举办各式各样的活动,甚至可以举办扔纸飞机大赛。乔布斯意在借助空间自由的大楼,让不同部门的员工们在活动中互相认识,然后相互合作,讨论和解决问题。

皮克斯大楼提倡的合作是建立在平等的基础上。平等,是苹果企业文化中一个鲜明的特征。走进这座大楼,人们就充分享受平等。皮克斯的员工完全没有上下级这个概念,也不会使用"中层""领导"这些词汇。凡涉及等级的,统统没有。乔布斯深知:不能让他的设计人员受到等级观念的束缚。

试想,设计人员身处这样一个大楼,不,应该说是这样一个社区或大学生宿舍里。在这样一个自由、平等的空间里,人们之间的关系能达到怎样亲近的程度?人们之间又会产生多少不期而遇的灵感,酝酿出多少绝佳的方案?

公司动画团队负责人约翰•拉塞特对乔布斯的空间设计的理念十分认可,他说:"史蒂夫的理论从第一天就见效了。我接连遇见一些几个月都没碰见的人。我还从来没见过哪座大楼的设计能如此鼓励合作和激发创意。"

乔布斯想通过办公空间设计促成员工内部合作的愿望完全实现了。

管理制度设计促合作

乔布斯知道空间设计能激发合作，但没有合理的制度设计也是不行的。

我为读者总结了一下，乔布斯的制度设计主要体现在三个方面：部门合作、招聘合作、流程合作。

我们先从“部门合作”谈起。

◆部门合作

乔布斯推行的部门合作体现在苹果公司的组织结构和财务制度等建制上。

苹果公司是个市值5700多亿美元的庞大公司，其组织结构、财务制度却十分简约，苹果公司实行全公司统一记账，各个部门不分开来记账。在乔布斯看来：如果公司内部各部门分开记账，那么各个部门会很计较自己这块的利益。只有全公司统一记账，才能体现苹果的整体利益。

人们有时会好奇，苹果这个拥有5万多名员工的公司，如何能实现接

苹果公司位于加利福尼亚州库比蒂诺的总部

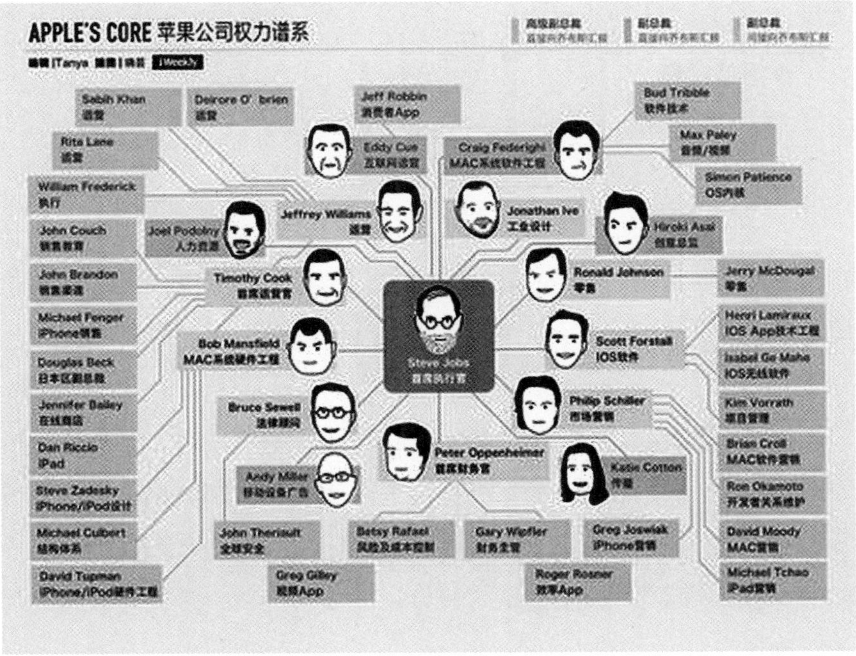

简约的苹果公司权力结构图

二连三推出热卖产品、年营业额逼近1000亿美元、年增长为60%的奇迹？

针对这个问题，《财富》杂志的记者们花了数月时间采访各行业知名人士，得出了答案：一切受益于苹果公司简约的组织结构和财务结构。苹果没有委员会，只有一个人，就是首席财务官，掌握“损益表”，对造成盈亏的费用开支负责。

绝大多数公司把损益情况看作是对管理人员问责的最有力依据，而苹果却不这样看，认为损益表让人分心，只有首席财务官才会考虑。乔布斯经常将苹果与竞争对手索尼公司比较。他说，索尼的部门太多是他们无法创造出iPod的重要原因。索尼各个部门各自为政，没法协调一致，为了一个目标进行内部合作。

◆招聘合作

招聘合作充分地体现了苹果公司内部合作的文化。

普通公司招聘职员，是该职位的主管主持面试。可是苹果公司的招聘制度不是这样的。

我们来看看，苹果公司招聘一个销售员是怎样进行的：面试这天，销售主管、市场主管、设计主管等各部门主管一一来到面试现场。然后面试者一一接受各部门主管的面试，最后各部门主管给出自己的评分。综合评分最高者即成为苹果公司的销售员。

苹果公司的销售员向客户介绍产品

通过各个部门合作来面试，可以招到复合型人才。虽然是一个小小的销售员，他同时还具备市场、设计等专业知识，其他公司的销售员在综合素质上与苹果公司的销售员完全不能比肩。

在这里给大家讲一个笑话，大家通过这个笑话更能感受苹果的员工优于其他公司同行的地方。

相关链接

仅仅是个笑话

一次，苹果公司的三位营销员和微软公司的三位营销员一起乘火车去底特律市开会。

到火车站，微软公司的营销员买了三张火车票。

买完票,他们纳闷了:这苹果公司的三位怎么只买一张票呢?百思不得其解。其中一位便上前问道:"你们三个人怎么可以只买一张票呢?"

对方笑笑答道:"待会儿你们就知道了。"

一会儿,大家一起上了车。

微软公司的营销员按票上的座号坐上自己的座位。

苹果公司的三位却一起挤进了一个卫生间,然后,从里面把门关上。

火车开动了,列车员开始收票。他走到卫生间的门口,敲了敲门,

说道:"请拿出车票。"卫生间的门打开了一道缝。里面伸出一只胳膊,手里拿着一张车票。

列车员收了车票,走开了。

微软的营销员们把这一切都看在了眼里,觉得这一手真是太妙了!

在底特律的会议开完后,微软的销售员决定照苹果同行的办法来省回程的路费。

他们来到火车站,三人买了一张回程的车票。

买完票,他们又纳闷了:这苹果的三位主怎么一张票也不买呢?

微软人忍不住上前请教道:"这次你们一张票都不买?"

苹果公司的销售员又笑笑说:"上车你们就知道了。"

很快大家就一起上了车。

一上车,微软公司的三位赶紧挤进了卫生间。

苹果公司的三位挤进了另外一个卫生间。

火车刚开动,一个苹果的营销员迅速从他的卫生间出来,径直来到微软人躲藏的卫生间门外,敲了敲门,说道:"请拿出车票。"

卫生间的门打开了一道缝,从里面伸出一只胳膊,手里拿着一张车票……

总之，苹果要的不仅是专业人才，它更需要用招聘合作的方式遴选出复合型人才。

◆流程合作

一件产品问世的过程，往往是设计图纸出来后，工程师结合生产的需要适当修改设计，然后装配电子元件，上生产线。最后的产品往往和设计图纸出入较大。

苹果产品的生产流程却不是这样的。

苹果公司设计师往往权力很大

苹果公司的设计师比别的公司同行权力更大，有时可以影响产品的生产。乔布斯更是让苹果设计主管乔纳森·艾弗直接对乔布斯自己负责。

设计图纸上的苹果产品非常漂亮，有时甚至很难生产出来。要想把外观美丽的产品付诸实际，就要求设计师和工程师通力合作。

设计师在设计产品时，工程师会全程参与，他不停地向设计师建议怎么设计，才能够更好地将元件焊接装配进去。而工程师装配时，设计师也同样要参与，他不时地告诫工程师：装配时，千万不要忘了保持产品的美丽外形。

现在我们该明白了：苹果产品的外形之所以那么吸引人，原来在其生产流程里，自始至终都伴随着工程师和设计师在一起倾心的合作，坦诚的协商。

Chapter 4 第四章

奇迹源于专注

乔布斯做事很专注

他把毕生的精力放到苹果事业上

所以,苹果产生的能量

不仅感动了这个世界

而且还引领了这个世界前行

乔帮主语录

Innovation distinguishes between a leader and a follower.

创新决定你是领袖还是跟随者。

一、至简至诚即专注

科学的专注精神

专注的含义，就是一个人把有限的精力集中到一件有价值的事情上。

专注还有另一层含义，就是做一件事要自始至终地做下去。

专注的能量很大。如果你排净一切杂念，专注你感兴趣的某一点上，久而久之，在你专注的这一点，就会取得巨大成功。

乔布斯做事很专注。他自始至终都把精力放到他的苹果事业上，所以，苹果产生的能量，不仅感动了这个世界，而且还引领了这个世界前行。

所以，我们可以下这么个结论：大凡有成就的人都很专注。除了乔布斯，还有其他很多的有成就者都是这样的，比如说爱因斯坦、陈景润……他们都很专注，都取得巨大成就。

我先给大家说说杨振宁与丁肇中这两位曾获得诺贝尔奖的杰出物理学家专注的故事……

相关链接

歧路知返的杨振宁

杨振宁小学时数学和语文成绩都很好。1938年，他才16岁，就考入了西南联大。1942年，20岁的杨振宁大学毕业，随即进入西南联大的研究院。两年后，他以优异成绩获得了硕士学位。并考上了公费留美生，于1945年赴美进芝加哥大学深造。1948年获博士学位。

1949年，杨振宁进入普林斯顿高等研究院做博士后研究，开始同李政道合作进行物理学的研究工作。1957年，他们共同提出的“弱相互作用中宇称不守恒”定律被实验证明。因此，他们共同获得诺贝尔物理学奖。

杨振宁对物理学的贡献范围很广，包括粒子物理学、统计力学和凝聚态物理学等。除了同李政道一起发现宇称不守恒定律之外，杨振宁还率先与米尔斯(R. L. Mills)提出了“杨—米尔斯规范场”，与巴克斯特(R. Baxter)创立了“杨—巴克斯方程”。美国物理学家、诺贝尔奖获得者赛格瑞(E. Segre)推崇杨振宁是“全世界几十年来可以算为全才的三个理论物理学家之一”。

杨振宁早年在美国留学的时候，跟其他留学生一样生活非常贫困。杨振宁当然时刻想改变自己经济入不敷出的窘境。

有一天，杨振宁在报纸上看到了一则猜字谜游戏活动的消息。消息的下面还附带地注明：凡参与获胜者，可以获得丰厚的奖金。报上这则消息让杨振宁非常心动，如果得到这笔奖金，无疑可以改善他当下的经济景况。他决定前去一试身手。

于是，杨振宁约上几个同学，一起参加了这个猜字谜游戏活动。参加猜字谜游戏活动的人，因为大部分是家庭主妇，杨振宁和他的同学们都觉得获胜的希望特别大。可他万没想到，还有一伙与他们实力相当的参赛对手。第一轮较量下来，字谜活动的主持人宣布：杨振宁他们还得参加第二轮的决赛。

为了在决赛中取得最终胜利，杨振宁和他的同学们在图书馆里通宵达旦地翻资料，尽量地找到与字谜有关的知识。正当杨振宁全身心地应对这场字谜比赛的当口，他看到报纸上刊登的另一则消息。这则消息介绍了一名日本科学家如何通过自己的努力获得了诺贝

杨振宁

杨振宁，出生于安徽省合肥县(今肥西县)，著名美籍华裔科学家、诺贝尔物理学奖获得者。其于1954年提出的规范场理论，于70年代发展为统合与了解基本粒子强、弱、电磁等三种相互作用力的基础；1957年由于与李政道提出的“弱相互作用中宇称不守恒”观念被实验证明而共同获得诺贝尔物理学奖；此外曾在统计物理、凝聚态物理、量子场论、数学物理等领域做出多项贡献。

尔物理学奖。

这则消息对杨振宁的震动极大。他不禁责问自己：“杨振宁啊，你怎么还在做这么毫无意义的事情？你的梦想是什么？你不是要成为伟大的物理学家吗？好啦，赶快放弃眼下的游戏吧。”

从此，杨振宁开始专注自己的学业。他再也不分心去做与自己终极目标无关的事情，全身心地投入他的物理学研究之中去。

在70年代后期，杨振宁的物理学理论影响力越来越大。最终，他实现了自己远大的理想，摘取了诺贝尔物理学奖，成了20世纪最杰出的物理学家之一。

我想，如果杨振宁当年依然沉迷于猜字谜的游戏，没有全身心地专注于物理学研究，能有他后来的惊世成就吗？肯定没有！

说完杨振宁的专注，我还想再说说另一位物理学家丁肇中教授的专注。

相关链接

一问三不知的丁肇中

丁肇中，祖籍山东省日照市涛雒镇。1936年1月27日生于美国密歇根州安娜堡，先后在重庆、南京和青岛上小学。1948年，随父母去台湾。1955年，自台湾建国中学高中部毕业，考入成功大学机械工程系。1956年，转到美国密歇根大学，在物理系和数学系学习。1960年，获硕士学位。1962年，获物理学博士学位。1963年，他获得福特基金会的奖学金，到瑞士日内瓦欧洲核子研究中心(CERN)工作。1964年起，在美国哥伦比亚大学工作。1965年，成为纽约哥伦比亚大学讲师。1967年起，任麻省理工学院物理学系教授。1969年，任马塞诸塞理工学院教授。1977年起，任托马斯·达德利·卡伯特讲座教授。

1970年，任美国物理协会粒子和场研究项目顾问，并任《核物理通报》副主编。1975年，当选美国艺术与科学学院院士。

由于丁肇中对物理学的贡献，他在1976年被授予诺贝尔物理奖，并被美国政府授予洛仑兹奖。1988年，被意大利政府授予特卡斯佩里科学奖。2005年，世界物理年活动在欧洲启动。他领导着来自美、法、德、中等14个国家43所一流大学和科研院所的581名物理学家，在日内瓦建造的世界上能量最大的正负质子对撞机，探索宇宙中的暗物质、反物质。

丁肇中教授又是怎样的一种专注呢？他的专注达到了一个无我无物的境界，仿如一片真空。在这一片真空中，他专注于太空中的反物质和暗物质。

丁肇中和杨振宁是同一个时期的物理学家，他也凭借他对物理学的专注，摘取到了诺贝尔奖的桂冠。丁肇中的研究成果也引起了媒体广泛关注，前来的记者一批一批，却很难采访到他。

丁肇中(Samuel Chao Chung Ting)

1936年出生，美国实验物理学家。汉族，祖籍山东省日照市涛雒，华裔美国人，现任美国麻省理工学院教授，曾获得1976年诺贝尔物理学奖。他曾发现一种新的基本粒子，并以物理文献中习惯用来表示电磁流的拉丁字母“J”将那种新粒子命名为“J粒子”。

有一天，一位记者终于如愿采访到了丁肇中。这位记者的采访方式和其他人物一样，一开始不直接问丁肇中教授研究领域内的问题，先提些与他研究课题不相关的、生活方面的问题：

"你会做饭吗？""你会打球吗？"……

丁肇中不停地摇头。最后，丁肇中对这位记者说："对不起！其他我什么都不知道。我所知道的就是我研究领域内的知识，我一生之中，只专注于我所研究的这个领域。"

2004年11月7日，南京航空航天大学的师生们聚集在报告厅，聆听丁肇中教授做关于寻找太空中的反物质和暗物质的报告。

报告后，按惯例，是丁教授回答同学们提问的环节。

"您觉得人类在太空中能找到暗物质和反物质吗？"

"不知道。"

"您觉得您从事的科学实验有什么经济价值吗？"

"不知道。"

"您能不能谈谈物理学未来20年的发展方向？"

"不知道。"

一问三不知！

在场的同学们大感意外。

短暂的沉默后，热烈的掌声响起，并且经久不息。

全场师生无不被丁教授的专注、严谨及谦逊所感动——在科学面前，他不做半点臆想和猜测。未做研究的领域，他不费半点口舌。

这就是丁肇中教授的专注，专注到除了他研究的其他一概"无知"。

乔布斯的专注：一是他像杨振宁和丁肇中那样，能将所有的精力放到最有价值的事情上；二是他能始终如一，坚持不懈地做他要做的一件事情。前者是他超人的见识，后者是他超人的毅力。

专注传递专注

乔布斯感动了世界，最先被乔布斯感动的群体，恰恰是他身边的员工。苹果的员工也具备了和他一样的专注精神。苹果员工的专注精神源于苹果公司的百杰集思会。这是乔布斯独创的培养员工专注能力的一种方式。

乔布斯重返苹果后，经常举办名叫"百杰集思会"的活动。集思会，顾名思义，就是集中大家的思想与智慧。每次集思会，乔布斯挑选100名员

苹果公司的"头脑风暴"

工参加，这100名员工是乔布斯认为表现很突出的员工。百杰集思会的名头就是这样来的。乔布斯要求这100名员工各自在一张纸片上写上一件他们认为苹果公司将来要做的最重要的事情，也就是最专注的一件事情。

100个人，100张纸片，100条建议。

虽然每一个人的提议都很好，都有充分的理由，但乔布斯悉心地从中挑选出10条最有价值的建议，划掉剩下的90条。当大家以为他要把10条建议都付诸实际的时候，乔布斯又挥起他的白板笔划掉了7条，然后才对他的员工说："很抱歉，我们的精力只能采纳三条建议。"员工们提出的建议中就包括发展革命性的产品iPad。

就这样，集思会培养出了苹果公司员工们优秀的专注能力和专注精神。

二、专注于动画

精准定位皮克斯

乔布斯以他“所有的精力放到最有价值的事情”上的专注精神，让他的皮克斯公司从阴霾中走向光明。

上个世纪80年代中期，乔布斯收购皮克斯公司时，皮克斯有三个部门：开发电脑的硬件部门，开发皮克斯图形的软件部门，还有个附属的动画部门，以展示他的电脑及软件制作出来的动画片。一开始，乔布斯将皮克斯发展锁定在一个能够生产实际产品的大公司，他迫切地希望把皮克斯生产的电脑、软件推向大众市场。没想到，他的这个希望破灭了，消费者根本就不接受皮克斯公司的电脑和它的软件。电脑太贵，普通消费者买不起；软件操作又太复杂，使用起来不方便。乔布斯就是乔布斯，惨败面前，他深度思考：如何重新给他的皮克斯公司定位？他一时找不出答案。

1987年，他带着皮克斯的得力员工约翰•拉塞特参加了一届国际大会。在这届大会上，约翰•拉塞特展示了一段只有两分钟的小短片。没想到，这段小短片在国际大会上引起了轰动。为什么会引起这么大的轰动啊？乔布斯深究下去。短片总共才两分来钟的时间。但是，它的视觉效果非常好！他心中的焦虑消除了，他终于想明白了：动画行业有巨大的市场，皮克斯公司有杰出的动画人才。

于是，他立即砍掉了皮克斯公司的硬件部门，砍掉公司的软件部门，唯独留下动画部门。他告诉世人：从今往后，皮克斯公司只专注于动画业务。他把皮克斯公司硬件部门和软件部门的优秀员工统统流向动画部门，让皮克斯公司的一切资源——资金、技术、设备等统统流向动画部门。

乔布斯的专注效应用四个字来表达，那就是立竿见影。皮克斯公司很快制作了高水准的《锡铁小兵》，并一举赢得了奥斯卡最佳动画片奖，还获得第三届洛杉矶国际动画节一等奖，以及美国电影协会蓝带奖。《锡铁小兵》的成功，也带给《玩具总动员》创作灵感。

1988年皮克斯公司制作的《锡铁小兵》是皮克斯第一次做人体动作跟模型的尝试。制作难点在于做出一个看上去非常真实的卡通人物。影

赢得奥斯卡最佳动画短片奖的《锡铁小兵》(*Tin Toy*)中的画面

片以一个玩具的视角去观察它们的主人——孩子，一个玩具们眼中魔鬼般的小孩。他经常会破坏玩具，要不把它们丢到家具底下，要不把它们丢到梳妆台的后面。玩具们吓坏了，但锡铁小兵不怕，他躲在沙发下面，逗着自己的小主人开心。短片情节简单，但创意新奇，反响巨大，大到掀起了皮克斯公司一股动画片创作的猛烈势头，以至接连制作出了像《玩具总动员》及其第二、三部这样既叫好又叫座的动画大片。

如果乔布斯不专注于动画部门，还纠结于皮克斯公司到底是做软件，还是做硬件，那么，就绝对不会有《锡铁小兵》的问世，当然也没有后来轰动全美，乃至全世界的《玩具总动员》。

《海底总动员》

如果说以上所说的乔布斯专注，均为“把全部有限的精力、财力放在有价值的事上”的一面，那么，下面我们要讲的是乔布斯专注的另一面：做事一以贯之，坚持不懈。

相关链接

一以贯之

一以贯之，作为古老的训诫，源于《论语·里仁》。原文：子曰：“参乎！吾道一以贯之。”曾子曰：“唯。”子出，门人问曰：“何谓也？”曾子曰：“夫子之道，忠恕而已矣。”大意：孔子对曾子说：“参啊！我讲的道是由一个基本的思想贯彻始终的。”曾子说：“是的，我懂了。”孔子出去之后，同学便问曾子：“这是什么意思？”曾子说：“老师的道，大概就是忠恕罢了。”所谓“忠恕”，属于德的一部分，尽己之谓“忠”，包容于人谓之“恕”。忠恕之道是孔子思想的重要内容，待人忠恕，这是仁的基本要求，贯穿于孔子思想的各个方面。

“忠恕”要一以贯之，“专注”也要一以贯之。

我们从《海底总动员》的制作历程里，可以略见乔布斯的一以贯之。

《海底总动员》是一部风靡全球的动画电影。

2005年，也就是在它的制作之初，大家实在不看好它。特别是皮克斯的合作伙伴迪士尼，觉得这部电影的情节不够动人，没多少有趣的情节。因此他们认为：这是一部不吸引人的动画片。

然而，乔布斯不为所动，丝毫不去理会外界的说三道四。他一以贯之地坚持《海底总动员》最初的情节，毫不偏离原创轨道地投入这部大片的制作。

我们先了解一下《海底总动员》最初的情节是怎样的。

在美丽的澳洲大堡礁海域中，一对可爱的小丑鱼（Clown fish）父子——父亲玛林和儿子尼莫，一直在澳洲外海大堡礁中过着安定而幸福的平静生活。爸爸玛林一直谨小慎微，行事缩手缩脚，虽然已经身为人

《海底总动员》中的多瑞（左）与玛林（右）

父，却是远近闻名的胆小鬼。正因为爸爸胆小，儿子尼莫常常与父亲发生争执，甚至有那么一点瞧不起自己的父亲。

一天，向往到海洋中冒险的儿子尼莫，游出了他们居住的珊瑚礁。欢天喜地的尼莫突然遭遇到潜水人，并且被潜水人毫不留情地捕走，卖到澳洲悉尼湾内的一家牙医诊所，成为鱼缸中众多观赏鱼的一分子。尼莫开始忧心。他面对一群陌生又怪异的新朋友，他担心不能再与胆小的父亲玛林团聚。

在大堡礁海底的爸爸玛林听到儿子生死未卜的消息，无异于晴天霹雳。尽管他胆小怕事，但为了救孩子，他豁出去了，决心跟上去澳洲的洋流，寻找自己的儿子。玛林下定了冒险救儿子的决心，但这并不代表玛林可以在一夜之间抛弃自己怯懦的性格。途中与大白鲨布鲁斯的几次惊险追逐，很快便令它萌生退意。幸运的是，玛林遇到了来自撒马力亚(Samaritan)的蓝唐王鱼(Regal Blue Tang)多莉(Dory)。多莉是一只热心助人、胸怀宽广的大鱼。虽然她严重的健忘症常常搞得玛林哭笑不得，但是有多莉在身边做伴，却也渐渐令玛林明白了如何用勇气与爱战胜自己内心的恐惧，也懂得了一生中有一些事情的确是值得自己去冒险去努力的道理。

就这样，两条鱼在辽阔的太平洋上的冒险使它们交到了形形色色的朋友，也遭遇了各式各样的危机。

鱼爸爸玛林终于克服了万难，与儿子团聚并安全地回到了自己的家乡。曾被儿子都瞧不起的胆小鬼玛林，经过这次的考验，也成了儿子眼中真正的英雄。

一场亲情团聚的大戏，在充满泪水的眼睛中落下了帷幕。

正是乔布斯一以贯之的专注精神，始终坚持这个动人的情节不变，让《海底总动员》这部动画片成为皮克斯公司最成功的电影。其票房收入一举突破了他们以往所有的电影，就连卖DVD的收入也达到了好几亿美元。

直到今天，《海底总动员》不仅在美国，在中国也很热卖。影视明星邓婕观看后，还对这部情节"不够动人"的影片赞叹有加。她告诉采访她的记者："最初是陪孩子们去看的。看过以后，我发现这虽然是一部动画片，情节却很抓人。无论是小孩还是大人，都会被吸引住。迪斯尼的影片总是很有教育意义的，他们将人类的情感附着在动物们身上，让人感觉既新鲜又不失真实感。《海底总动员》的主题涉及亲情与友情、勇气与成长，寓教于乐，让孩子们在蔚蓝的深海里学会了许多东西。"

看看，多好的情节。要不是乔布斯一以贯之地专注这个情节，今天我们就无缘与之相识了。

从乔布斯这里，我们可以下这样一个论断：凡大作为者，都必然具有一以贯之的专注精神。

相关链接

专注于社交服务的脸谱网

脸谱网(Facebook)就像英特尔公司专注它的芯片，淘宝网专注它的网上购物业务，甲骨文公司专注于数据处理业务一样，它只专注于做它的社交服务，而且坚持到底。我们看看脸谱网这张专注的“脸谱”。

脸谱网是一个社交网络服务网站，于2004年2月4日上线。从2006年9月到2007年9月间，脸谱网在全美网站中的排名由第60名上升至第7名。同时脸谱网还是美国排名第一的照片分享站点，每天上载八百五十万张照片。

脸谱网首席执行官马克·扎克伯格(Mark Zuckerberg)在法国表示：“脸谱网活跃用户的数量将达到10亿人。”随着用户数量增加，脸谱网的目标已经指向另外一个领域：互联网搜索。

脸谱网对大学生的吸引力就在于网上网下生活的“无缝对接”。让他们知道在“墙”上(脸谱网把留言板称为wall)留言的人可能就在操场或饭堂里等他，使他们可能在下个周末大家就一起参加派对。脸谱网有着庞大的年轻人用户群体，这就使得它在广告商眼里相当有吸引力。

微软正是看中这条而与他们签约。媒体巨人维亚康姆集团也是脸谱网数个“追求者”中的一个。脸谱网的首席执行官马克·扎克伯格专注于他的社交网站，他始终围绕服务做文章，让全美人分享他们的照片；让全美青年“无缝对接”；让他的“墙”组织大家周末派对；让商界巨人追逐他的脸谱。最后，脸谱网不是脸谱网的脸谱，而是大众的脸谱，是全美青年大学生们的脸谱，是名门巨富们的脸谱。这再一次地证明这个真理：只要专注，必然有成就。

三、专注于苹果

苹果只有四个项目

砍掉一切旁枝斜逸，正确的决断是智慧的体现。由此我们看到乔布斯去纷繁而择精要的专注智慧。这一点，在他的苹果事业上表现得更加充分。

乔布斯以他“所有的精力放到最有价值的事情”上的专注精神，让苹果公司得以长足地发展。我们来看看他是怎样专注他的苹果的。

1995年，乔布斯重返苹果，赶走了时任公司总裁的吉尔·阿梅里奥。他以顾问的身份参加到公司的日常事务中去。他一眼就看穿：苹果公司的精力过于分散，整个公司，上上下下都在做一些无关紧要的事情。比如，他们在做一个叫“牛顿”产品的项目。牛顿就是一款用手写笔来操控的掌上电脑。

乔布斯认为：人天生的十根手指就是最方便的手写笔，有什么必要花这么多精力去开发这种配备手写笔的产品？于是，乔布斯在当年的苹果全球开发者大会上发表了他著名的论断：“我试用了一下‘牛顿’，买了它的早期产品，然后觉得根本就是垃圾，就把它扔了。这些设备存在一个问题：连接性。在我看来，最优先的功能应该是能够保持通讯、能上网。我希望有这样一种产品，能随身携带，里面有键盘，因为发邮件要用键盘，它还要能上网。如果有人能生产出这样一款产品，能够一直挂在网上，有个小键盘。天啊，我肯定会去买一台的，但没有一款产品拥有这种功能。我不关心它用的是什么系统……”

接下来，乔布斯开始频繁地召开产品团队会议，让各个产品团队的研发者直接明白地告诉他，他们的项目有什么价值。在半年时间里，乔布斯召开了无数的产品团队会议，得到了很多翔实的资料。经过分析，他干净利落地砍掉了很多项目，一下子使公司的项目减少了70%。苹果公司的员工终于知道，公司未来的发展方向是什么。公司要把全部的精力集中在什么事情上。他们也明白了公司正在变换的状态：一些真正有能力的员工，正在流向公司主要的项目。

在一次大型产品战略会议上，乔布斯做出了一个令人惊奇的举动：他腾地从座位上站了起来，冲到白板前，用白板笔画出了一个表格。他在格子的顶端写道：专业级、消费级。接着，他又在格子的左端写上：台式、笔记本式。然后，他对台下的高管、员工们说道：“看到没有？我们以后的精力只能做这四种产品。毫无疑问嘛，就是消费级的台式电脑、消费级的笔记本电脑、专业级的台式电脑、专业级的笔记本电脑。”

台下顿时鸦雀无声，人们一时惊呆了。他们完全没有想到，乔布斯竟然会做出如此精简的决定：全公司只有四个项目。这样，全公司的员工所有的注意力都集中在这四个项目上。

把“所有的精力放到最有价值的事情上”的专注力拯救了苹果，光大了苹果。

在中国的IT界，人们尊称乔布斯为“乔不死”，以此来褒奖他历尽艰辛而专注不移的精神，褒奖他面对激烈竞争而不断创新的专注精神。

乔布斯重返苹果的首张照片

坚持研发数字中枢

乔布斯在众多异议面前，能一以贯之，专注如初；他在困难挫折面前，依然能一以贯之，专注如初。

数字中枢这一项目最后的成功，就是他这种一以贯之，专注如初的结果。

进入21世纪，乔布斯预见到电脑的新趋势：电脑将会成为一个数字中枢，它将整合其他的数码设备，如手机、播放器、摄像机、照相机。

超前的思维认识，导致超前的行动。乔布斯要让他的苹果电脑率先成为数字中枢。另外的几家公司也想到了数字中枢，他们要和苹果一争高下。然而让乔布斯始料不及的是，当苹果数字中枢成果推向市场时，却遭遇到冷淡的回应。其他公司的数字中枢项目同样遭受到难以承受的冷遇。

在失败面前，其他的公司纷纷停止了对数字中枢的研发。只有一个人没有心灰意冷，这个人就是乔布斯。他不但没停下来，反而加大对数字中枢的投入，投入更大的激情，投入更多的资金。

乔布斯诙谐地说："为什么苹果公司能成功啊？原因很简单，就是在别人心灰意冷的时候，我们持续地投入激情，持续地投入用于研发的资金。当他们缓和过来，反应过来的时候，我们已经走在他们的前头了。”

这个数字中枢项目也确实是这样。等到苹果电脑成为一个完善的数字中枢后，别的公司发现自己已经远远地掉在后面，追不上了。

发现真理难，坚持真理更难，坚持考量一个人专注的定力。看了下面的介绍，恐怕会让读者进一步感受到乔布斯身上超一般的专注。这种专注的结果，就体现在苹果新奇炫酷的产品上，就是苹果不断地创新，对时代消费不断地预言，对消费者未来需求不断地满足。

乔布斯先一步跨入数字时代，他先一步推出苹果产品背后的强大逻辑是数字时代的临近。人们将适应数字化的生活方式，而苹果，就是这个数字时代的先驱。

在苹果公司开发出iMovie后，乔布斯感受到“数字中枢”这一概念的真正含义。iMovie是一种视频编辑应用软件，你可以在电脑上使用它，并对便携式摄像机的录像进行编辑，这使便携式摄像机的价值得到了提升。iMovie使便携式摄像机的价值增值了几倍。原先可能再也不会看一眼的原始录像，现在却能被转换成一部神奇的电影。如果仅仅是便携式摄像机的话，那么，你得到的乐趣将会小得多。

iPad 2 创造的新纪录

乔布斯的专注精神还体现在他所决定的每一件事。这种自始至终的专注能力，再一次地体现在苹果的iPad上。

今天，iPad已经风靡全球，成了一款改变世人生活、工作方式的产品。然而，iPad在2008年发布的时候，却没有当下这么受欢迎的光景。

当时，顾客们对iPad是一大堆的评头论足，从里到外地批评。刚问世的iPad少不了这个那个的缺点，被人们批评的主要缺点反映在三个方面：

一是iPad没有摄像头，没有办法满足人们的社交需要。

二是iPad不能多任务处理。我们知道，一台常规电脑是能够多任务处理的。比如说你在玩游戏的时候能听音乐，而且还能打开文档之类，但是iPad不行，同一时间内它只能处理一个任务。

三是iPad只能享用别人的成果。苹果以往的产品，都是被称为“创造性的机器”，即你可以用苹果的产品制作视频、制作音乐、制作照片。可是iPad不具备这个功能，所以相比而言，这方面的不足，也成为它的一大缺点。

各种各样的批评纷至沓来，苹果公司一些员工对iPad的热情也随之消退下来。只有一个人对iPad的热情依然如初，这个人就是乔布斯。乔布斯对iPad的热情不仅没有消退，反而倍增。他决定：虚心地接受大家的意见，加大iPad项目的资金投入，全力以赴地推出了改进后的第二代iPad产品。他在第二代iPad上增加摄像头，还增加了人们所喜爱的制作音乐、视频的软件等。

2010年1月27日，在美国旧金山欧巴布也那艺术中心的发布会上，乔布斯向期盼已久的人们发布iPad 1。

于是在iPad 2的发布会上，产品获得了全美市场的强烈反响，iPad 2销售速度也创造了苹果的一项新纪录：仅仅一个月时间，就卖出了100万台。这个销量，iPhone用了差不多两个月的时间才达到。

相关链接

关于iPad 1

iPad 1发布于2010年1月27日。发布会选在美国旧金山欧巴布也那艺术中心(芳草地艺术中心)。苹果公司在发布会上让大家看到了传闻已久的平板电脑。iPad 1在欧美称“网络阅读器”，国内俗称“平板电脑”。iPad 1具备浏览网页、收发邮件、普通视频文件播放、音频文件播放和一些简单游戏等基本的多媒体功能。iPad 1采用ARM架构，因而不能兼容普通PC台式机和笔记本的程序，不具备办公能力，但可以通过安装第三方软件来实现对Office系列文件的阅读和简单编辑。

iPad 1定位介于苹果的智能手机iPhone和笔记本电脑产品MacBook系列之间。通体只有四个按键(Home、Power、音量加&减)，还有一个重力感应与静音模式开关。与iPhone布局一样，iPad 1提供浏览互联网、收发电子邮件、观看电子书、播放音频或视频等功能。

iPad 1的发布简直是苹果的一场灾难：媒体的反应不冷不热，有的“拭目以待”，有的冷嘲热讽。《纽约时报》David Pogue认为：“……压根就不是什么新产品。任何断言该产品未来前景的人都将是傻瓜。”《洛杉矶时报》John Healy怀疑：“……iPad 1无法像PC或智能手机那样使发行商执行多任务。人们会为此付款吗？”“乔布斯推出的iPad 1不会像iPod及iPhone那样火爆。至少现在不是苹果的拳头产品，它让对苹果推出下一款革命性产品寄予厚望的苹果粉丝及投资者失望了。”乔布斯收到来自用户的800多封不满意iPad

的邮件。一些人还声称:“iPad是苹果最大的失误。”

面对来自四面八方的负面评价,乔布斯对沃尔特·艾萨克森(《史蒂夫·乔布斯传》作者)说:“它们(媒体的反应)让我感觉有点吃惊。”

相关链接

关于iPad 2

2011年9月22日，苹果中国方面正式宣布,3G版的iPad 2在中国正式上市。这份大礼来得有点迟,但是终归还是来了。对不少消费者而言,国内3G版的iPad 2虽然价格优势不够明显,但是质量和售后却更有保障,还是值得一试。iPad 2是苹果新一代平板电脑——iPad产品的第二代，称为iPad 2。iPad 2支持多种无线通信标准,可以单独支持Wi-Fi、UMTS、CDMA,也可以选装3G功能，或同时支持这三者的组合。与一代相比,iPad 2更薄、更轻、更快,并且拥有前置、后置摄像头。除此之外,iPad 2使用更为轻便的碳纤维材料来替代原来的拉丝铝外壳。用乔布斯自己的话来总结iPad 2的所有新特征,那就是:“如果说iPad拿在手中像是一本书,iPad 2就像是一本杂志。”

iPad 2

两代iPad参数对比

型号	iPad 2	iPad 1
处理器	苹果A5双核处理器（1.0GHz）	苹果A4处理器，主频为1000MHz
RAM	512MB	256MB
摄像头	配置前、后两个摄像头	无
机身尺寸	241.2×185.7×8.8mm	242.8×189.7×13.4mm
重量	601g（Wi-Fi版） 607g（Wi-Fi+3G版）	680g（Wi-Fi版） 730g（Wi-Fi+3G版）

乔布斯在iPad 2发布会现场

时隔一年，苹果全新的iPad 4已在美国以外的10个国家登陆，成长之快，令人眩目。截至2012年3月20日，苹果公司宣布：在iPad 4正式发售不到4天的时间里，销量已经达到了300万台。而iPad 2发售28天后，其销量才达到100万台。

我们知道，两年前，当第一代iPad问世时，全美各大媒体对iPad铺天盖地地激烈嘲讽。但是，我们不知道，再过两年后，具有乔布斯专注精神的苹果公司，又会给我们一个怎样的惊人的数字产品？

相关链接

专注于数据处理的甲骨文公司

甲骨文公司(Oracle)是世界上最大的企业软件公司，它向遍及全球的140多个国家的用户提供数据库、工具和应用软件以及相关的咨询、培训和支持服务。甲骨文公司总部设在美国加利福尼亚州的红木城，全球员工超过40000名，2003财年收入达到95亿美元，是《财富全球500强》企业。

自1977年在全球率先推出关系型数据库以来，甲骨文公司已经利用技术革命来改变现代商业模式。

甲骨文公司同时还是世界上唯一能够对客户关系管理——操作应用——平台设施，进行全球电子商务解决方案实施的公司。

1989年，正式进入中国市场，成为第一家进入中国的世界软件巨头。标志着刚刚起飞的中国国民经济信息化建设得到了甲骨文公司的积极响应，甲骨文首创的关系型数据库技术也从此开始服务于中国用户。

1991年7月，经过了近两年时间的努力开拓，为了更好地与迅速发展的业务相适应，甲骨文公司在北京建立独资公司——北京甲骨文软件系统有限公司。

2000年8月8日，甲骨文公司正式启用位于北京国贸大厦的办公新址，成为公司立足于长期服务中国市场的又一里程碑，也是长期扎根中国市场的新起点。

目前，甲骨文公司在北京、上海、广州和成都均设立了分支机构，向中国市场全面提供Oracle9i电子商务平台、Oracle电子商务应用软件以及相关的顾问咨询服务、教育培训服务和技术支持服务。

2002年10月，甲骨文公司在深圳成立甲骨文中国研发中心，服务于技术开发、产品认证和本地化、技术支持等关键领域。第二个研发中心也于2003年10月在北京揭幕。

甲骨文公司在中国的目标是：通过提供并传授领先技术，帮助中国软件企业在快速增长的经济大潮中取得成功，促进中国软件业的发展，同时也为中国的广大用户提供性价比高、可靠、安全的企业软件，为他们的业务增长作出贡献……

四、专注于利润

乔布斯归来！

乔布斯归来！苹果归来！

苹果归来得从1980年说起。这年Apple III发布，苹果公司成功上市，并且迅速地成为明星公司。

到了1984年，苹果再创辉煌，推出又一款颠覆性的产品Macintosh电脑，借助美国橄榄球超级杯大赛，苹果登上了一个更高的台阶。

然而，1985年，乔布斯被解除一切权力并被赶出苹果。与此同时，苹果签署了几乎是让自己失去未来的一份合同。

这份合同让苹果在一连串诉讼和不成功产品的拖累下，走到了公司历史上的最低点：1997年，苹果第二季度亏损7.4亿美元；第三季度市场份额下滑至7%……

乔布斯来了。他一方面专注于对外和解，另一方面专注于对内"关停并转"。借助iMac电脑的上市，苹果重新焕发了生机。

2001年，苹果以iPod+iTunes再次开辟出了新一轮的增长高峰。此后，苹果在赢利的道路上又进一步，发布了使用Intel处理器的电脑系列，推出iPhone、iPad。苹果产品在全球市场可能只占据了一小部分份额，却获得了很大比重的利润。

"还有一件事"

1997年，乔布斯重返苹果时，苹果股价仅为16美元。十年后，苹果公司每股股价达到了145美元。

一年之后，苹果公司将专注的四款产品推向了市场，并得到世界的热烈反响。在1998年的Macworld大会上，在鲜花和掌声中，激情澎湃的乔布斯面对黑压压的人群喊话："我们还有一件事……"

什么事？让我接着往下说。

“还有一件事”，是乔布斯每一次演讲的口头禅。

这里他所说的这件事，是他对利润的专注。

乔布斯郑重地告诉他眼前所有的人：“我们要开始考虑我们的利润了。”他告诉他身边的人们：专注“利润”比专注产品更为重要。在公司陷入危机时，他说：如果我们只专注产品，而不专注利润，我们离破产就只有十天。

正是乔布斯对利润的专注挽救了苹果。1998年前，苹果公司连续两年亏损10亿美元。而在乔布斯专注利润的1998年这一年的第一个季度，苹果公司就盈利了4300万美元，而在整个的财务年里，苹果公司盈利了4 亿美元。苹果公司从财务危机的悬崖边被拽了回来。

相关
链接

网络零售巨头淘宝网

淘宝网的创始人马云专注做淘宝。经过6年，把淘宝做成了亚洲第一大网络零售商。我们看看下面的介绍，感受一下这个“全球首选”的淘宝。

淘宝网成立于2003年5月10日，由阿里巴巴集团投资创办。目前，淘宝网是亚洲第一大网络零售商圈。淘宝网的目标是致力于创造全球首选网络零售商圈，通过结合社区、江湖、帮派，来增加网购人群的黏性。并且采用最新

淘宝网

网络团购模式，让网购者乐而不返。淘宝商城整合数千家品牌商、生产商。它为商家和消费者之间提供一站式解决方案。淘宝网保证提供100%的商品品质，7天无理由退货的售后服务，以及购物积分返现等优质服务。

目前，淘宝网业务跨越C2C(Consumer-to-Consumer，消费者对消费者)、B2C(Business-to-Consumer商家对消费者)两大部分。截至2009年底，淘宝拥有注册会员1.7亿，注册用户还在不断增长。据统计，淘宝网2009年交易额为2083亿人民币，2010年则高达4000亿元人民币，是亚洲最大的网络零售商圈。

嗬！用"社区、江湖、帮派来增加网购的黏性"，用"商家和消费者之间提供一站式解决方案"，用"100%的商品品质"，用"7天无理由退货的售后服务"，创"1.7亿注册会员"，创"4000亿元人民币交易额"……这些绝招，这些庞大的数字，若非超一般的专注者，想都不要想了。

最后，我只能用一句话总结：人的一生，只需要做一件事。因为这一件事做好了，世人就会记住你！

Chapter 5 第五章

坚持缔造完美

追求完美

是乔布斯身上一个非常重要的特质

正是这种特质引导他走完一段

完美的人生

乔帮主语录

Quality is more important than quantity.

质重于量。

追求完美是乔布斯身上一个非常重要的特质。正是这种特质引导他走完一段完美的人生。然而，在现实生活中，追求完美的人并不是那么被人们所看重。

你或许看过江苏卫视的《非诚勿扰》节目吧，节目的第一个环节是男嘉宾向求偶的24位女嘉宾表白。当听完男嘉宾的表白后，女嘉宾用她们台前指示灯表决：灭灯表示拒爱；留灯表示继续关注。不知道你是否注意到其中一个细节：上台的男嘉宾，不管他多么阳光帅气，多么才华横溢，如果他宣称自己是一个完美主义者。完了！良缘全成了泡影，台上女嘉宾马上就齐刷刷地灭掉他的灯。因为在她们看来，如果这个男孩一味地追求完美，那么难以保证他今后不会在生活细节上斤斤计较。

其实，时下的姑娘们走进了一个爱情的误区。一个追求完美的男人才是真正值得深爱的人。如果她们上节目前，看了我们这一章的内容，看到了完美主义精神带给乔布斯的完美成就时，相信她们会毫不犹豫地为宣称完美主义的男嘉宾留下她那盏爱情的明灯。

在讲乔布斯完美主义精神之前，我们先了解一下乔布斯完美主义精神之源。

一、乔布斯的完美之源

完美需要激情燃放，激情使我们的追求欲罢不能；完美需要野心，野心让我们的追求一往无前。乔布斯的完美之源，源于他的野心与激情。

勃勃的野心

我们先说乔布斯的野心。

政治家的野心是权力，艺术家的野心是名气，商业家的野心是市场。

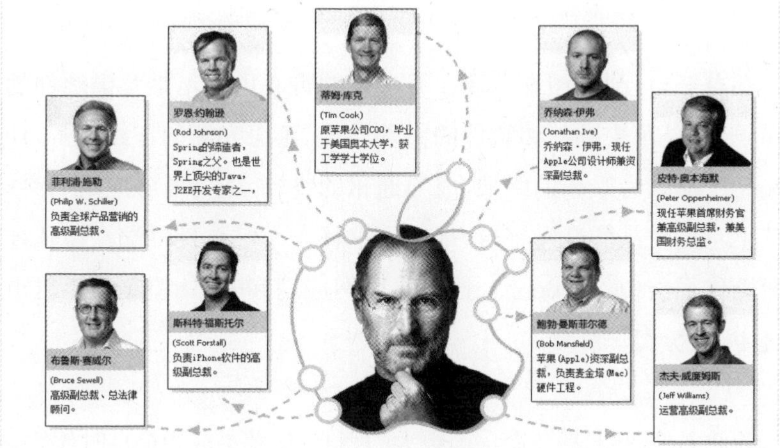

乔布斯带领他的团队实现霸主的野心

我们知道，青少年时期的乔布斯就野心勃勃，他要亲手打造出一家像惠普公司那样基业长青的公司。如此野心不可谓不大也。正是他这个勃勃的野心，使乔布斯对他的公司和他的产品的完美终生追求不已，并且一步一个脚印，一步不落地实现着他的夙愿。

在每年的苹果全球开发者大会上，他一次次地实现了让全世界苹果粉丝们为之疯狂的野心；在横空出世、惊艳八方的iPhone发布会上，一举实现了颠覆人们对手机认识的野心；在3G iPhone产品发布会上，他实现了让他的对手——Nokia等手机巨头们乱了阵脚的野心；仅仅从iPhone

的一路表现，乔布斯的野心就已经昭然若揭了。如果我们探究一下iPhone的神秘未来，乔布斯的野心还大着呢！

别君三日，刮目相看。现在乔布斯的野心已经不是苹果硬件的高额利润了，而是苹果硬件和软件的完美结合。苹果完美的在线服务，让他的iPhone产品成为娱乐的终端，成为通讯的终端，成为商务应用的终端，一个苹果系列产品的开发平台。他要用这样一个综合性终端在微软控制的桌面操作系统中，在Google控制互联网应用和Nokia控制的手机市场的夹缝中，去分得一杯羹。

除此之外，乔布斯还有一个更大的野心：让苹果成为信息时代的霸主。

乔布斯的野心到底有多大?我们永远猜测不到。也许，就在他与死神拥抱的那一刻，他胸中还在酝酿下一个野心。

澎湃的激情

乔布斯的完美主义的另一个源头就是他的激情。乔布斯有伟大的野心：他要打造出令世人惊叹的产品，他要用他的产品去感动世界，去引领世界，去改变当下人们的生活方式。这催生出了他澎湃的激情！

正是这股如影随形的激情，乔布斯将他的一生奉献给他的苹果。

激情四溢的乔布斯

1997年，乔布斯在离开自己所创建的苹果公司12年之后，激情四溢地回到濒临破产的苹果公司。拿什么来拯救他的苹果?美国人狐疑满腹，苹果人也狐疑满腹。苹果的员工，还有苹果的投资者，他们反反复复地探讨一个话题：苹果未来路在何方？左右全美国人视听的各大媒体不再把苹果放在报眼里。偶尔提及，也不过是漫不经心的三言两语，而且填补在上下左右的边缝之间，寒碜得不能再寒碜。

唯有一个人胸有成竹、情绪饱满。不用说，这个人就是乔布斯。

他在第一次非正式的员工会议上，大声地告诉他的员工：“营销与价值相关。这个世界十分复杂，十分喧嚣。我们不可能指望人们能记住苹果的很多东西。因此，我们必须搞清楚，消费者想知道关于苹果的什么。消费者想知道我们能代表什么，我们要做的，不是制造能够让人们完成工作的机器盒子，尽管这确实是我们做得很好的方面。苹果要做的不止这些。我们相信：有激情的人能够将世界变得更好！”

“你们能代表什么？”
“你们的激情在哪里？”
“激情和灵感相互依存，缺一不可……”

听听，这就是乔布斯的激情：重振苹果，打造这个时代最响亮的品牌。

讲到乔布斯的激情，或许有人会说：我们身边就有那么些人，他们对自己当下的事业压根就谈不上什么激情，可他们还不是照样取得了令人们刮目相看的成就？差距就在这里。

乔布斯的激情源于他对产品的完美追求。缺少了这种激情，无论他取得了多大成就，都不可能感动世界，引领世界！

乔布斯的激情源于他的热衷。他不是热衷于产品的本身，而是自己产品在消费者生活中的意义。

乔布斯的激情源于他的关注。他关注的也不是他产品的本身，关注的是自己的产品如何改变世界!

乔布斯最终能够如此成功并感动了大家,不在于他创造出了多么伟大的电脑、手机和音乐播放器。

而在于他对消费者充满激情!

而在于他对消费者使用苹果产品改变世界的能力充满激情!

我不禁再问:没有激情,成吗?

野心与激情驱动着乔布斯,在追求完美的大道上乐此不疲。那么,人们要问了:乔布斯的完美主义精神体现在哪些方面呢?这就是我们接下来要讲的内容。

二、追求产品完美

首先我们讲讲乔布斯产品的完美。乔布斯在追求他的产品完美上，几乎是持之以恒，永无止境。

下面我们从《玩具总动员》、iMac、iPhone及iPhone玻璃屏幕等产品的设计、制作来深刻地感受一下乔布斯的完美主义精神。

完美电影《玩具总动员》

20世纪80年代中期，乔布斯成为皮克斯电影公司的总裁。当时的皮克斯公司只是一个没名气的小公司，但是乔布斯却很看好它。到90年代，皮克斯公司资金很紧张，几乎难以为继。为了皮克斯的生存，乔布斯决定让皮克斯公司为迪士尼公司制作一部电影。这部电影就是今天大家都很熟悉的《玩具总动员》。

《玩具总动员》讲的是一个新玩具和一个旧玩具围绕谁更受主人(一个婴儿)的喜爱而争端不断的故事。情节的设计跌宕起伏，很能够吸引人。但让《玩具总动员》完美地展现在观众面前，这个历程就相当曲折了。

在皮克斯已经设定了《玩具总动员》的具体情节以后，迪士尼动画团队的负责人卡曾伯格还一再地修改这部电影的情节。

经过多次情节修改，皮克斯动画团队的负责人约翰•拉塞特看了后，还是很不满意地感叹道："天呐，这部电影的角色怎么还是那么让人讨厌呢？"

为了让影片达到人见人爱的完美程度，乔布斯投入了他自己私人的资金，坚定不移地要让影片情节驶入到完美的轨道上来。

《玩具总动员》的主角：胡迪和巴斯光年

杰弗里· 卡曾伯格

这个靠电影赚了八亿美元的犹太裔王牌制片人，梦工厂动画的掌门人，好莱坞最有权势的人物之一。如今又给自己弄了一个新身份——3D电影的头号推销员。

1994年，任迪士尼电影公司主席的卡曾伯格为迪士尼集团的三号人物。当二号人物弗兰克·威尔斯意外死于直升机坠毁事故之后，他开始追逐威尔斯的职位。卡曾伯格明目张胆的权力欲激怒了迪士尼的大老板迈克尔·艾斯纳，同样热衷于权力的艾斯纳不想要强势的卡曾伯格当自己的副手。卡曾伯格愤而离开迪士尼，与大导演斯皮尔伯格、唱片业巨头大卫·格芬组建了梦工厂。在新公司里，他是动画片部门的首脑，享受最终的决策权，由此，他开始了事业的第二个阶段。

2012年春，卡曾伯格推出了3D电影《大战外星人》。得到了接近2亿美元的北美票房，与2011年暑期档备受好评的《功夫熊猫》不相上下。

约翰· 拉塞特(右) 留名好莱坞星光大道

约翰·拉塞特在1995年导演了《玩具总动员》,该片为他赢得了奥斯卡特别成就奖。

1998年,他参与制作的影片《虫虫危机》为他赢得了更多的荣誉。1999年由他担任执行制片人的《怪物公司》《海底总动员》和《超人总动员》获得了金球奖。2012年,美国西部电影博览会展览协会授予了他首次颁发的“动画先驱”。同年2月。他还获得了著名的视觉特效协会颁发的“杰出艺术成就奖”。

经过乔布斯和他的团队反反复复地斟酌,《玩具总动员》这部电影总算快完工了。但结果却让制作人员很意外,他们的马首——乔布斯,对影片依然很不满意。他认为:这部电影至少有10%的内容做得不是那么好。必须完美。乔布斯一而再、再而三地给动画团队提意见,要求他们一定要按照他的要求,重新设置他所指的那10%的内容。

那一段时期，乔布斯几乎是每天下午从NeXT计算机公司下班后，首先要去的地点，就是皮克斯公司的工作室。他迫不及待地要知道影片那些最新的修改情况。当然，乔布斯除了自己一个人对最新版《玩具总动员》提意见，有时，他还叫上他的好朋友、甲骨文公司总裁拉里·埃里森跟他一起去。他和拉里·埃里森一边欣赏《玩具总动员》，一边提出他新的看法和修改意见。拉里·埃里森有一次接受记者采访时就抱怨说："哎呀，我都不知道到底看过多少次《玩具总动员》了。我对乔布斯说过，他若再叫我去看《玩具总动员》，我就不去他家了。"

采访结束后，埃里森还在说："没办法，这就是乔布斯。只要有一个地方做得不好，他都会不满意，他就是这样的一个追求完美的人。"

乔布斯对这部动画产品如此的追求完美，那么，最终是怎么样的一个结果呢？结果是：在观众的眼里，《玩具总动员》几乎是一部没有任何瑕疵的电影。在《玩具总动员》首映以后，73位影评家都给这部电影打出了最高的分数。这种殊荣，在全美动画影片史上，尚是绝无仅有。可谓辉煌至尊，无与伦比。其中有一位影评家直截了当地评价道："这是我见过的最完美的电影。"

说到这里，我们当然情不自禁地要把这一切归功于乔布斯，归功于乔布斯的完美主义精神。如果不是乔布斯没完没了地反复纠结于影片中那10%的内容，不是他把影片的每一个细节都做得那么完美，人们怎么能享受到如此完美的动画大片呢？

谢了，乔布斯！谢了，乔布斯的完美主义！

iMac的蓝色魅惑

乔布斯追求完美的精神与日俱增，完美的苹果产品层出不穷。我们再来感受一下他和他的iMac的完美故事。

故事要从1998年讲起。当时，乔布斯和苹果公司的设计主管乔纳森·艾弗搭档，设计出了一款叫iMac的全新的电脑。这款完美的iMac与其他任何一款电脑有天壤之别。从外观上，我们就能强烈地感受到这种差异。上个世纪90年代，当时市场流行的电脑，其外壳的颜色都是那么单调，几乎除白色、黑色、灰色，就没有其他的颜色了。乔布斯觉得那些电脑太老气、太俗气了。那么，他的iMac用什么颜色呢?在这点上，让乔布斯费心不已。经过他反复地揣度，一个完美的iMac外壳在乔布斯心底里酝酿出来，他决定:他的iMac外壳的颜色，就是海蓝色。这是一个大胆的决定。他还有一个更大胆的决定:iMac的外壳必须是半透明的。他要让人们一眼就看穿他的iMac。如此大胆，可谓“前无古人，后无来者”。

当然，皎皎者易污。乔布斯主张一出，各种质疑随之而来。对乔布斯来说，他早已习惯了“群殴”。他毫不动摇，坚定地认为:iMac半透明的外壳会产生一种十分奇特的效果，它不仅让iMac的消费者看到iMac外壳的颜色，还可以看到iMac里面的元器件和它们的构造形态。让消费者看透，恰是当时电脑产家之大忌。因为他们清楚:电脑里面就是些一团糟的元器件，想遮掩还来不及呢，哪有掀开来给人看的事儿？这不是家丑外扬吗？

拥有蓝色、透明外壳的iMac

我们看乔布斯是怎样化丑为美的。他把iMac里面的元器件安排得错落有致，井井有条，结构非常简约。他就是要通过iMac半透明的外壳，让iMac所有的买家都清楚地看到：iMac从里到外都是完美的。美好的想法是一回事，但要实施起来是另一搭子事。乔布斯这一离经叛道的要求，遭到了iMac生产厂家的拒绝。苹果公司的第一家生产厂商对乔布斯说道："对不起！我没这个能力，没办法生产出海蓝色的半透明外壳。"乔布斯毫不客气地立即回复道："好吧！那你们就没资格做我们的生产厂商。"

很快，他就找到新的、能满足他iMac电脑外壳设想的生产厂家。历经艰难，完美的iMac终于从图纸上走进了现实。

iPhone

iPhone是一部支持电邮、移动通话、短信、网络浏览以及其他无线通信服务的手机。iPhone第一代于2007年6月29日在美国上市。2012年9月13日凌晨，美国时间9月12日上午，iPhone 5发布。

引领世界的iPhone

讲到iMac的完美，人们就会很自然地想到iPhone的完美。iPhone是苹果又一感动世界、引领世界的完美产品。

iPhone整合了iPod的媒体播放功能，安装为了移动设备修改后的MacOSX操作系统以及800万像素的摄像头。

此外，iPhone内置有重力感应器。iphone 4有三轴陀螺仪，能依照用户水平或垂直的持用方式，自动调整屏幕显示方向。

当我们看了iPhone从设计到制造的全过程后，我们就会明白一个道理：在这个世上，上天永远都是把成功的一切机会，给了那些追求完美的人。乔布斯就是这个深得上天宠爱的人。iPhone这个项目，从一开始，乔布斯就异乎寻常地追求它的完美，哪怕是一个细小的环节。

从2005年乔布斯萌发出打造iPhone的想法，到iPhone即将完工已经一年多的时间。眼看iPhone已经比较完善，乔布斯计划好了上市的日期。

2012年9月13日凌晨（美国时间9月12日上午）发布的iPhone 5

可是，一天晚上，乔布斯难以入睡。他感到iPhone的触屏还需进一步完美，不可以贸然成事。他早早来到公司，跟他的搭档乔纳森·艾弗谈起让他纠结不已的想法。他对乔纳森·艾弗说："我们的iPhone好像从开始就搞错了。"艾弗愕然地听他说那些让他意想不到的错处。乔布斯认为：iPhone最大的特点是使用先进的多点触控技术，当时还没一家公司把这种技术使用在手机上。而多点触控技术，只有在具备非常好的品质的屏幕上才能够体现。而iPhone的屏幕并不具备这样的要求——即将完工的iPhone仅仅是将一块玻璃屏幕嵌入一个金属外壳里面而已。这会给消费者留下很多遗憾。

于是，乔布斯对他的搭档乔尼说："这个'把屏幕嵌入金属外壳之中'的设计是一个错误。这太男性化，太注重效能了，我们要把它改掉。"

为此，乔布斯立即召开了一个高层员工会议。乔布斯一反常态，他没有立刻说话。他站在台上，面色凝重。过了好一会儿，他才对台下的工程师、管理人员说道："对不起！我要跟你们说，我们的iPhone要从头开始设计。你们六个月的辛劳白费了。我现在给你们两个选择：你们可以从我这得到几把枪，把我及其他高管统统干掉；你们也可以同意我的要求，从头再来。"

台下的工程师什么反应呢？苹果公司的员工们早已深深认同乔布斯的完美主义，他们毫不犹豫地回答："好，我们从头再来！"

多年以后，每当乔布斯回忆起他在苹果公司开发iPhone的经历时，会流下了眼泪说:“我想到我的员工们和我一样执着地追求完美,就非常感动。那是我在苹果公司最难忘的时光。”

iPhone被重新设计了以后,大尺寸的玻璃屏幕一直延升到手机的侧面边缘。这样一来,屏幕的作用一下子被凸显了。

要知道,对设计做出重大改动,意味着在产品工程上、在产品元器件的装配上苹果公司的员工们将面临极大的麻烦,需要克服很大的难度。但苹果公司的员工们都自愿接受了。因为他们想和乔布斯一起,打造出一款可以影响世界的iPhone。

完美传递完美

讲到iPhone的玻璃屏幕,这里还有一段感动我们的小故事。

玻璃屏幕必须遵循一个这样的标准,那就是它必须很耐刮,不能刮花,要是刮花了就很难看,也影响触控效果,这都不是乔布斯能容忍的。

乔布斯要找到最合适最坚硬的玻璃屏幕,他要把这种玻璃屏幕安装在他的iPhone上。为了找到既坚硬又美观的屏幕,乔布斯把目光投向了亚洲,苹果公司的玻璃产地。但是这一次乔布斯没有发现自己所想要的玻璃。他的一位好朋友给他推荐一位叫威克斯的厂商,说威克斯的工厂能够生产这种玻璃。威克斯的工厂专门生产数码产品的部件。

乔布斯很快找到了威克斯，他第一眼就喜欢上威克斯，他对威克斯说："我希望你们把所有的精力都用在研发iPhone的屏幕上。"

威克斯很为难地说："我们有很多条生产线，怎么可能只做iPhone的屏幕呢？而且，你想要的那种屏幕我们还要进行长时间的研发才能生产出来。"

乔布斯说："不，你们一定可以！只要你们把精力全部投在iPhone的屏幕上，你们会发现这项工作是多么的有意义。"

威克斯被乔布斯的完美主义感染了。他几乎是在一夜之间撤掉了他工厂里所有的生产线。从此，这家以生产液晶而闻名的工厂再也不生产什么液晶显示屏之类的部件了。威克斯把所有的人力、物力都投入在iPhone屏幕研发上。经过无数个日日夜夜的技术攻关，威克斯终于把适用于iPhone的玻璃屏幕研制出来了，并很快实现了它的量产。

故事的尾声，在官方的《乔布斯传》里有这样的叙述：

威克斯的办公室很通风，里面只摆放着一个纪念品，是iPhone 推出后乔布斯发来的信息。"如果没有你，我们做不到。"

"乔布斯和苹果让我们更优秀，"威克斯说，"我们所有人都对自己的产品非常狂热。"

三、追求产品发布完美

乔布斯所做的每一件事，他都力求完美。在感受完他的产品完美后，我们来看看乔布斯是如何在发布会上追求完美的。乔布斯把自己封为发布会的总指挥。虽是总指挥，但对发布会的每一个细枝末节都不放过，直至无懈可击、极尽完美，如麦金塔电脑发布会。

麦金塔电脑发布会

1984年，麦金塔电脑发布会的前夕，从晚上一直到次日凌晨乔布斯坐在观众席上。他在干什么？他在调试灯光。乔布斯把那场发布会的主旨叫做“要有光”。乔布斯希望发布会上所有的灯光都能够显现出麦金塔电脑外壳的美丽色彩。这一夜，乔布斯一直在观众席上对灯光师指指点点，没完没了。

他总说：“嘿，你们的操作怎么这么差呀！那种烂灯光不符合我的要求。”

经过了很多次的调试，最后，乔布斯才突然地从座位上站了起来叫道：“好，这个灯光好，我就要这样的灯光。”

第二天，发布会如期举行。乔布斯走到台前。台子上放着一台盖着幕布的麦金塔电脑。乔布斯像魔术师一样，揭开了麦金塔电脑上的幕布。这时，亮白的灯光流泻在麦金塔电脑上。然后，麦金塔电脑再把这耀眼的亮光反射到了发布会整个场地的各个角落。观众们一下子全体起立。他们从来就没有见过这么美丽的电脑，他们的视觉受到了强烈的震撼。

麦金塔电脑发布会非常成功。因为观众和顾客们都意识到，电脑不仅仅可以是一位工作、生活的帮手，还是一个时髦产品，一个紧跟时代的

1984年1月24日发布的、在宇宙中留下印迹的麦金塔电脑发布会上的麦金塔电脑

象征。之后，麦金塔电脑发布会被人们描述成“一场在宇宙中留下印迹的发布会”。

在此，我们也一起来悉心地感受这场震撼心灵的麦金塔电脑发布会的过程(摘录自《乔布斯传》)：

……和同事完成麦金塔软件的那个早晨，安迪·赫茨菲尔德到家时已筋疲力尽。他想，自己或许会在床上至少躺上一天。但是当天下午，仅仅睡了6个小时后，他就开车回到了办公室。他想要确认软件是否存在任何问题，而大多数同事也和他一样。乔布斯走进来时，他们正躺在地板上，昏昏沉沉但又兴奋不已。

“嘿，赶紧起来，还没完呢！”他说道，“我们需要为麦金塔电脑做一个演示！”乔布斯计划在一大群观众面前戏剧性地揭开麦金塔电脑的面纱，并且想在电影《烈火战车》(*Chariots of Fire*)鼓舞人心的主题曲中，向人们展示机器的特性。“这周末就要完成，为预演做好准备。”他补充道。

赫茨菲尔德回忆说，办公室里的人听了他的话都呻吟起来。

“但是我们讨论了一阵子就意识到，如果能做出令人印象深刻的东西，肯定很有意思。”

麦金塔的发布仪式定在8天之后的1月24日，与苹果年度股东大会同期举行，地点在迪安扎社区学院的弗林特礼堂。除了电视广告和疯狂的媒体预热，发布仪式也是其新产品发布的一个组成部分。乔布斯能将新消费产品的发布变成具有划时代意义的时刻，产品将在一片热闹与喧嚣中正式揭晓，观众推崇备至，记者也被兴奋席卷了。

赫茨菲尔德完成了一个了不起的壮举。在两天时间内编了一个音乐播放器程序，让电脑能够播放《烈火战车》的主题曲。但乔布斯听过后觉得很糟糕，于是他们决定用录音代替。另一方面，乔布斯完全被语音发生器所折服，这个程序能够将文本转变为迷人的电子语音。他决定以此作为演示的一部分。

“我要麦金塔成为第一台可以自我介绍的电脑！”乔布斯邀请“1984”广告的文案史蒂夫·海登来撰写脚本。

史蒂夫·卡普斯设法让“麦金塔”这个词在屏幕上以大字体滚动展示,苏珊·卡雷(Susan Kare)则设计出了开场画面。

在发布仪式前夜的预演中,这一切都没能顺利进行。乔布斯讨厌动画在屏幕上滚动的方式,不断要求做出调整。此外他对舞台灯光也不满意。他让斯卡利在礼堂的不同座位上感受各种调整带来的效果并给出意见。斯卡利从来没有对舞台灯光的变化考虑过多,也没想过自己要不断给出调试意见,就像病人要告诉眼科医生哪个镜片能更清晰地看到视力表。预演和调试持续了5个小时,直到深夜。“我当时都以为我们没法为第二天上午的展示做好准备。”斯卡利说道。最主要的是,乔布斯为自己的演示很是焦躁。

“他扔掉了幻灯片,”斯卡利回忆,“他把人都逼疯了,发言展示中有一点儿问题他都要对舞台工作人员发火。”

……

次日上午,可容纳2600人的弗林特礼堂被挤得水泄不通。乔布斯穿着一件蓝色双排扣西装外套,里面是一件笔挺的白衬衫,打着浅绿色领结。

“这是我人生中最重要的时刻,”在后台等待活动开始时,乔布斯对斯卡利说,“我真的很紧张。你可能是唯一知道我对这次发布会感受的人。”斯卡利抓住他的手,握了片刻,低声说了句好运。

……

天生就知道如何激荡人心的乔布斯穿过黑暗的舞台，走向一张小桌子，桌上摆着一个布包。“现在，我要亲自向各位展示麦金塔电脑，”他说道，“接下来你们在大屏幕上所看到的画面，都是这个包里的东西实现的。”他拿出电脑、键盘和鼠标，熟练地组合起来，在观众的又一阵掌声中，他从衬衣口袋里拿出了一张新的3.5英寸软盘。

《烈火战车》的主题曲开始响起，麦金塔屏幕上的图像被投影到大屏幕上。有那么一瞬，乔布斯屏住了呼吸，因为昨晚的演示从未成功。但是现在，一切运行得完美无缺。“麦金塔”在屏幕上横向滚动，接着下方出现了“酷毙了”的字样，就像用手慢慢写上去一样。观众安静了片刻。在寂静中，可以听到有人在喘息。然后，一系列屏幕截图开始接连快速出现：比尔·阿特金森(Bill Atkinson)的Quick Draw图形程序包之后，屏幕上紧接着就展现了不同字体、文件、图表、图画、象棋比赛、电子表格，以及一张乔布斯的渲染图，图中他的脑海里浮现出一台麦金塔电脑。

展示结束后，乔布斯笑着说道：“最近，关于麦金塔我们已经说得很多了，但是今天，有史以来第一次，我要让麦金塔自己说话。”说完，他怡然地退到电脑后，按下鼠标，麦金塔发出了轻颤但可爱的低沉声音，它成为第一台介绍自己的电脑。

“你好，我是麦金塔。从包包里面出来的感觉真好。”它致以开场白。要说这台电脑有什么不会做的事，那就是还不知道应当在观众爆发疯狂欢呼和尖叫的时候停顿一下。它继续快速独白：“我还不习惯公开演讲，但我想要和大家分享自己第一次见到IBM大型机时的感想。千万不要相信一台你搬不动的电脑。”

欢呼声又一次响起，几乎淹没了麦金塔的最后几句话。“显然，我能说话。但是现在，我想要坐下来聆听。接下来，让我非常自豪地请出一个人，他就如同我的父亲一样——史蒂夫·乔布斯。”

礼堂里一片喧闹，人们上蹿下跳，疯狂地挥舞着拳头。乔布斯缓缓地点了点头，双唇紧闭但笑得很开心，接着他低下头开始哽咽。掌声持续了将近5分钟。

……

会讲故事的幻灯片

乔布斯在追求发布会的完美上，还有一个环节非常重要，那就是他精心为发布会制作幻灯片。乔布斯很看重幻灯片在发布会起到的作用。他的幻灯片总是能够很好地概括他所要讲的内容，并且能够在适当的时候提示观众。他制作的第一部幻灯片总会鲜明地体现出自己的风格。每当发布会之前，他和妻子劳伦一起制作各种风格的幻灯片。然后，他们再从中选择一个与发布会最契合的。

人们是这样评说乔布斯和他的幻灯片的：“乔布斯在每次主题演讲中，幻灯片都担当了重要的角色。这位世界上最具魅力的演讲大师虽然离开了我们，但他的精彩演讲令观众至今难忘，他的演讲就像是在讲述一个引人入胜的神奇故事。乔布斯运用幻灯片的秘诀，让我们分享到这

乔布斯在斯坦福大学演讲

位天才演说家的演讲风格和技巧，也能让我们想到了：在万人讲台上，要像乔布斯一样，挥洒自如、捕获人心……”

构思是做幻灯片前的重要工作。在旁人眼里，乔布斯的演讲好像毫不费力，实际上他经过了精心的构思和反复的排练。一般情况下，乔布斯的演说时间为90～120分钟，和一部电影相当。但是，你如果看到演说完毕后观众出场时的表情，你会发现，乔布斯的演说对观众内心的触动能力，不亚于一部好电影。当然，这跟苹果产品本身的完美不无干系，同时，与乔布斯那天才的“导演”功夫也有直接的关系。

一个好的演说者，首先应是一个好的故事讲述者。因此，乔布斯完美幻灯片的秘诀就在于：他在开始制作幻灯片之前，他要做的最重要的一件事就是——讲述一个动人的故事。

敦促员工追求完美

乔布斯不仅要求自己在发布会上完美，也同样要求别人和他一样在发布会上做到尽善尽美。

iDVD发布会就是一个经典的案例。苹果公司的iDVD视频软件推出以后，乔布斯想：要给这款软件开个盛大的发布会。乔布斯邀请iDVD软件的开发者迈克·埃万杰利斯特在这个发布会上做一个介绍。他向公司员工们征求了几千个用iDVD软件制作出的视频，然后把它们精挑细选出来交给迈克，让他用这些视频做演示。

迈克不像乔布斯那样极具演讲经验，他一站上台，脚就发抖。乔布斯坐在观众席上对他的演讲不停地指指点点，告诉他应该怎样去应对自如。但是迈克总是做不到。最后，乔布斯实在不耐烦了。他对迈克说道："好吧，如果你再不能达到我所想要达到的效果，你这个演讲的环节就从我的发布会删除。"说完，乔布斯扬长而去。

公司主管菲尔·席勒将迈克叫到一边："我来告诉你，发布会上的演讲该怎么做。"

等到发布会正式举行的时候，迈克上台自信而纯熟地向观众们介绍

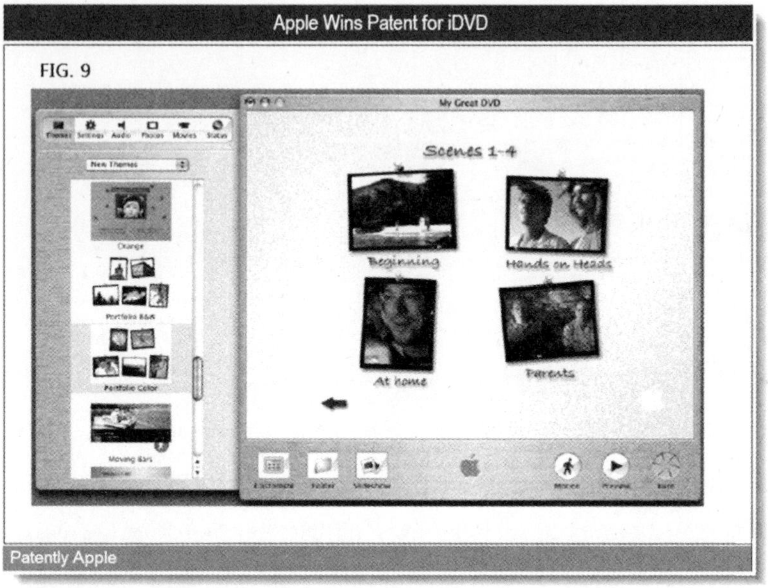

苹果公司研发的iDVD软件界面

iDVD是苹果公司研发的轻松制作DVD的软件。为你的影片和照片幻灯片创建并刻录专业品质的DVD。它只用观赏一张DVD的时间就可以制作完成你的个人DVD。有了iDVD，你可以将家庭影片与照片幻灯片制成专业品质的DVD，并可以添加动态菜单、按钮、场景菜单等功能，全部可以根据你的需要量身订制。

制作方法：开启iDVD，然后选择Magic iDVD，再选择一个主题，并从iLife媒体浏览面板中选取你想展示的影片与照片，然后Magic iDVD就会自动完成作品，包括主菜单、按钮、场景菜单以及幻灯片演示菜单。从开始到完成，你要做的就只是刻录。有了iDVD，你可以刻录单层或双层DVD。而分享你DVD的观众可在任何地方观赏：标准电视、宽屏幕电视、Mac或PC上都可以。

由他领导开发出来的iDVD软件。迈克的演讲非常成功。他让观众们都了解了iDVD是如何使用的。

在发布会结束以后，迈克深有感触地说：

菲尔· 席勒(Phil Schiller)

"他(乔布斯)迫使我要更加努力，而且最终我做得比预期的要好。"

乔布斯追求完美的精神不但给自己带来巨大的成功，也深刻地影响了他身边的人。

埃万杰利斯特认为乔布斯不可理喻，不过后来他也承认，不断的批评带来了更好的效果。

他是乔布斯在舞台上的绿叶。

过去，一直是史蒂夫·乔布斯监督每一次的苹果产品发布。但是，每一场苹果发布会都不是乔布斯的独角戏。苹果产品营销高级副总裁菲尔·席勒常常是乔布斯在舞台上的绿叶。

1999年，席勒跳上舞台，展示苹果的新iBook；2007年，席勒演示了新推出的视频会议功能，将他的嘴挡在一张史蒂夫·鲍尔默的照片下面，发出："I love my Mac! "的声音。

可是，下了舞台，席勒不再充当小丑。他是乔布斯最信任、最有影响力的管理者。他协助乔布斯处理新品开发中的基本问题，比如界定目标市场、决定技术规格、设定价格标准，等等。正是席勒提出了第一代iPod转轮式的按键设计，也是他从反对声中极力维护iPad创意。

Piper Jaffray的分析师吉恩说："因为菲尔的头衔是市场营销高级副总裁，人们往往以为他只负责广告牌怎么做。实际上，他的重要性远远超出这些。"

据一位与席勒讨论过苹果未来的人士透露：席勒心知，如果新品不成功，他将要承担部分责任。席勒肩负一个艰巨的任务——保持苹果的魅力。在今年，这个任务就更加艰巨了。

菲尔·席勒在苹果任职期间，与乔布斯的关系密切。2004年，当乔布斯提笔告知全体苹果员工，他正在与癌症抗争时，席勒就陪在乔布斯身边。当时病房只有两个乔布斯信任的人。当乔布斯提前结束在夏威夷的度假，回来平息iPhone 4天线门事件时，席勒也放弃周末，应付媒体和消费者的质问。在乔布斯最后一次请假治疗后，席勒坚持到乔布斯家中，参加每周的例会，与广告商谈论苹果广告的事宜。

四、追求宣传完美

一则完美的广告是一个公司品牌价值、品牌定位一个很好的表达。除此之外，广告还是产品的先遣队，它可以为产品发起强大的宣传攻势。

我注意到，在伦敦奥运会期间，CCTV奥运频道播过几次耐克的广告。这个广告展现了一群来自贫穷国家的热爱运动的人。最后的广告词让我印象深刻，叫作“活出你的伟大”。

像这样的广告就很好地提升了品牌的定位，展现出了品牌的价值。

耐克不只卖运动鞋，它出售的是一种生活方式。

这是它成功的关键。对于人心的激励，以及这一手段背后的干劲与决心，是与每个人都有关的，不管你是不是运动员。耐克运用一种励志式的语言来激发消费者。

造型简洁有力，急如闪电，“只管去做”的耐克商标

不管你是谁，你的头发或皮肤的颜色是什么，你遭遇了身体上或社会生活中怎样的局限，耐克说服消费者，你一定可以办到。它告诉人们要振作起来，抓紧人生的方向盘，并且采取行动。

“只管去做”的广告词背后，是一个非常美国式的生活态度。然而，随着全球化的发展，原来是美国的生活态度，变成了一种全世界共同的渴望，渴望能有一个公平的竞技场，可以让人们不只在运动方面，而是在人生的每一层面都公平地一争短长。这可以追溯到美国早期的拓荒者精神，和他们对成功的渴求。

耐克无疑已将伟大的美国梦行销全球。耐克告诉它的消费者，如果你下定决心，奋斗不懈，你就会超越他人，征服一切。借由这样的方法，即利用人们对于成功的热切渴望，耐克也创造出了它自己的一种人格与态度。通过巧妙地运用一句非常简单的广告妙句，成功地将一种生活态度融入其出售的商品中。

让大家更多地了解耐克，是为了让我们更好地感受乔布斯在广告上追求完美的精神。

麦金塔电脑与《1984》

1984年，麦金塔电脑发布前，乔布斯想要给这个电脑做一个完美的广告。于是，他和他的宣传团队在一起讨论，费心构思麦金塔电脑的广告。最后，一个创意出现在乔布斯的头脑之中。

乔布斯告诉大家："不是有一本书叫《1984》吗？今年正好是1984年。能不能把这本书的内容跟麦金塔的发布联系起来呢？"

我们先来了解一下《1984》的故事梗概：

1984年的世界被三个超级大国所瓜分——大洋国、欧亚国和东亚国。三个国家之间的战争不断，国家内部社会结构被彻底打破，均实行高

《1984》______________________________

《1984》是一部杰出的政治寓言小说，也是一部幻想小说。

该书刻画了人类在极权主义社会的生存状态，有若一个永不褪色的警示标签，警醒世人提防这种预想中的黑暗成为现实。被誉为20世纪影响最为深远的文学经典之一。

度集权统治，三国以改变历史、改变语言（如“新语”–Newspeak）、打破家庭等极端手段钳制人们的思想和本能。三国以具有监视功能的“电幕”（telescreen）控制人们的行为，以对领袖的个人崇拜和对国内外敌人的仇恨维持社会的运转。

英国著名作家乔治· 奥威尔

主要作品有《动物农场》《1984》等。乔治·奥威尔1903年出生于印度，1907年举家迁回英国，后因经济原因无力深造，被迫远走缅甸，参加帝国警察部队。

终因厌倦殖民行径、痴迷写作而辞去公职，辗转回到欧洲，流亡伦敦、巴黎等地，一边深刻体验下层民众生活，一边从事文学创作，有多部作品出版。

1936年，西班牙内战爆发，参加左翼组织，因重伤返回英国，但最终树立社会主义信念。1939年，二战爆发，乔治·奥威尔积极参加反纳粹的活动。由于西班牙内战与二战的苦痛经历，对战争与和平、极权与民主、社会关怀与人类理想进行了深刻的思考。1945年，他著名的政治寓言小说《动物农场》出版。1949年，《1984》问世，在全球产生深远影响。乔治·奥威尔作品入选多国中学生必读书目，被翻译成62种文字，总销量超过5000万册。

1950年，因肺病去世，年仅47岁。

故事中主人公所在的国家大洋国只有一个政党——英格兰社会主义。按照新语，简称英社(IngSoc)。社会也根据与党的关系被分为核心党员、外围党员和无产者三个阶层。政府机构分为四个部门：和平部负责战争，友爱部负责维护秩序，真理部负责文化和教育，富裕部负责经济。按照新语，分别简称为和部、爱部、真部、富部。

在大洋国真理部从事窜改历史工作的外围党员温斯顿因为在工作中逐渐对其所处的社会和领袖"老大哥"(Big Brother)产生怀疑，并与另一位外围党员裘利亚产生感情，因而成为思想犯。在经历了专门负责内部清洗的友爱部的思想改造之后最终成为"思想纯洁者"……

他的宣传团队觉得这确实是一个很棒的创意。因为那个时候，麦金塔电脑要发布的时候，有一个大背景，那就是IBM已经占据了大部分的个人电脑市场份额所以说，如果麦金塔电脑想要争取市场份额，就必须挑战IBM在市场上的霸主地位。

而《1984》，乔布斯所想到的这本书，其中描绘了一个这样的时代：有很多专制的警察老大哥，他们无情地控制人们的思想，不允许人们发表自由言论。宣传团队立即意识到乔布斯的用意：IBM不正和《1984》里面控制思想的警察相像，而苹果电脑就是这个时代的反抗者嘛！

麦金塔电脑广告经过长时间制作以后，在1984年美国"超级碗"棒球比赛中播出了。在比赛中场休息的时候，观众朋友们不约而同地把目光投向了巨大的银幕。然而，却发生了两秒钟诡异的黑屏。然后画面上出现一名控制思想的警察，他在向如痴如醉的人们发表演讲。就在观众们看

IBM

IBM(International Business Machines Corporation),国际商业机器公司,或万国商业机器公司的简称。总公司在纽约州阿蒙克市,1911年创立于美国,是全球最大的信息技术和业务解决方案公司,目前全球拥有雇员30多万人,业务遍及160多个国家和地区。该公司创立时的主要业务为商用打字机,及后转为文字处理机,然后到计算机和有关服务。IBM为计算机产业长期的领导者,在大型/小型机和便携机(Think Pad)方面的成就最为瞩目。

其创立的个人计算机(PC)标准,至今仍被不断的沿用和发展。

2004年,IBM将个人电脑业务出售给中国电脑厂商联想集团, 正式标志着从"海量"产品业务向"高价值"业务的全面转型。

得惊恐的时候, 一位身穿着麦金塔电脑图案的女运动员飞奔向警察,甩出了她手中的大锤。"哗啦",银幕破碎了,老大哥和女运动员都消失了。最后, 出现一个平静的旁白:"麦金塔电脑即将发布, 你将明白为什么1984不会变成《1984》。"

这个广告开启了对麦金塔电脑的爆炸式宣传,因为它告诉人们苹果的定位。苹果是一个反叛者,苹果电脑也能够和IBM电脑一样出色。

至简至纯的iPad系列广告

除了麦金塔电脑广告，乔布斯他还有很多引以为豪的广告，其中就有iPad平板电脑的系列广告。

iPad发布会召开后，电视台播出了它最初的广告，然而乔布斯对它很不满意。iPad最初的广告是这样的：一个年轻人坐在公园的长椅上，拿着一台iPad进行发邮件、浏览网页等操作。乔布斯觉得，这个广告虽然背景温馨，但起不了什么作用。他对广告的制作者詹姆斯说道："iPad是什么东西?它不仅仅是一台平板电脑，它还是一台改变世界的产品，它深刻地影响了新闻业、出版业，所以iPad广告应该是宣言式的，应该告诉人们iPad它的革命性。"

根据乔布斯的指导意见，詹姆斯回去做出了很多广告方案，他拿出了12种广告方案，比如说，有鼓舞人心的，有喜剧演员来介绍iPad的，有名人来介绍iPad的，等等。

然而对于这些广告，乔布斯都不满意。乔布斯说，这些广告方案是典型的广告公司的产品。他再一次要求，广告要回归苹果的声音。苹果的声音是什么？简单、干净、纯粹。

于是新的广告方案被做了出来：在白色背景之下，一个旁白用干净利落的嗓音，以短语的句式，介绍出iPad革命性的功能。这个广告成为苹果公司一个经典广告，它为iPad发起了强大的宣传攻势。

我想，在我们讲了乔布斯如何在产品、在发布会、在宣传广告上追求完美的故事，我们已经对乔布斯的完美主义有了一定的了解。追求完美应该成为我们每个人的习惯。因为愿意追求完美，我们就会考虑得更多、考虑得更加周到，就会遵循更高的标准，从而胜过竞争对手，赢得更精彩的人生。

至此，我看乔布斯的过程就结束了。我想再次向大家表明我的看法：乔布斯不仅仅因为他是天才而成功。而是因为他还具有天才的家庭熏陶及环境影响，天才的学习方法，天才的专注，天才的合作，天才的完美。

我再补上一句：乔布斯最感动这个世界的，是他的实干优于想象。

最后，我还要说上一句：乔布斯留给我们最大的财富，不是他的苹果公司，而是他的苹果精神。如果我们能从他的精神世界里取得哪怕那么一丁点，那么，对于我们的学习、我们的工作、我们的生活，都是大有裨益的。

后 记

我的教授梦

小时候，我们经常被问到：你的梦想是什么？有的说，想当科学家；有的说，想当画家或工程师什么的。我的梦想，是当一名教授。

我的教授梦得来偶然。小学毕业那年暑假，一次看电视时，我无意调到了《百家讲坛》节目，节目里的学者、教授，一个个自信潇洒，谈吐非凡，深深地吸引了我。能当个教授多好啊，我可不可以像他们一样登上讲堂，当一个教授来传播文化知识，分享自己的研究成果呢？

父亲那时正巧看了《人生设计在童年》一书，和我一起探讨将来想做什么。见我对当教授感兴趣，就说：当教授可不简单，而且社会地位高，受人尊重。父亲提议：从现在开始就付诸行动，不要耽于幻想。

要成为教授，必须要擅长表达自己的思想。我的第一堂"课"，只有两个"学生"——我的爸爸妈妈。那时对《百家讲坛》着迷的我，很想尝试着讲一堂类似的课，同时提高自己的口头表达能力。为此，我详细记录《百家讲坛》的纲要，然后再以学者的"姿态"讲给父母听。一开始，结结巴巴、语无伦次，两个星期后，我已能流畅给我的两位"学生"讲课了。

于是，我和我父亲约定，每晚十点，是我在家里的讲座时间，雷打不动。为了让家里的讲座像那么回事，父亲还托人做了一个小讲台。要求我讲课时注意模仿《百家讲坛》上老师的教态和语言风格。每次我讲完以后，父母给出点评。为了鼓励我，父亲时不时对我说：嗯，又有了一点小进步！经过一段时间的训练，我自己也感觉讲得越来越流畅，找到了一些自信。

有一天，父亲对我说："光给爸妈两个人讲这也不够啊，要多叫几个人听你讲。"于是，外公、外婆、舅舅、舅妈他们也加入了我的听众队伍。没想到，人数一多，我又要经历一个从紧张到适应的过程。

然而，真正"登台"做老师可不是件容易的事。

刚入初中学文言文时，我突然冒出一个想法：可不可以做一回老师，给同学们讲一堂文言文课？语文课伍老师说，她教书十几年从来没有遇到这种情况。幸运的是，她很欣赏我的勇气，给了我两节课的时间，让我有了第一次"做老师"的机会。

为了上好课，我找来大量资料，编写教案。正式登台那天，我的腿一直在打抖，说不出是因为紧张还是害怕讲不好。最终，我并没有按计划上完那两堂课。

为了训练我的胆识，父亲要我勇敢地走出家门和校门。有一次，父亲带我到他上班的地方，在一间会议室里，父亲叫了他的十几位同事过来听我讲课。第一次面对这么多人讲课，我心里有些忐忑，仿佛要接受大家的面试。我那天准备了好几个主题，都是关于《孙子兵法》的内容，如瞒天过海、围魏救赵、借刀杀人、趁火打劫、声东击西等小故事。我问父亲的同事愿意听哪几个故事，他们选了围魏救赵、借刀杀人、声东击西三个。因为事先准备比较充分，心想总算通过了“面试”吧。讲完后，父亲的同事还对我的讲课进行了点评，当然更多的是鼓励。

暑去秋来，我的教授梦在父母亲的督促下一刻也没有放弃。我更清楚地认识到想成为一个教授，需要好口才，但更重要的是有真才实学，潇洒纵论天下事的背后，是胸中自有通古晓今的学识。

读初三年级时，我迎来了一个重要的机会——到南昌陆军学院当一回老师，给300多名新录用的公务员讲课。

我原本跟父亲说，到一个四五十人的班上讲一下，以后再逐步增加听课的人数。可父亲说，老师是不能挑剔学生的，只有学生挑剔老师。我害怕自己可能会太紧张，到时难以控制局面，毕竟第一次观众达到百人以上。可是，我该讲什么内容呢？父亲在这方面比我有经验。他说，要讲大家感兴趣的东西。当时卡扎菲刚被俘，我想针对卡扎菲的个人经历、得失做一番论述，这个大家应该感兴趣吧。确定好的主题，我搜集了大量的资料，一一分析，疏理出讲课提纲。然后，我一遍遍面对镜子演练，希望能对得住我的“学生”们。

我记得，那天坐车去陆院的路上，我心里还是紧张得打鼓。“要跟300多名学员讲呢！”我自言自语，想像一下这是一个什么样的场景。下车后，在洗手间，我最后一次拿出讲稿温习。当我从侧门走进报告厅的主席台，我忘记主持人是怎样介绍我的，只觉得现场黑压压一片，被他们整齐统一的制服晃了眼，几百双眼睛齐刷刷地对着我，在我脸上聚焦。我想，他们的眼光里，应该有质疑，有新奇……也许一个小朋友站在讲台是不常有的吧。

我把思绪收回来，我向大家鞠了一躬。腿在发抖，我想下台。“难道精心准备是为了退场吗？”我问自己。我往后挺直膝盖，开始发声了。镇定，介绍自己、表示感谢，再切入主题。我默记讲课开好头三步曲。慢慢地，我的紧张情绪消除了，按照我事先备好的课进行。我一边讲着，一边用眼神扫视同学们。现场鸦雀无声，大家专注地看着我，我忽然间很喜欢这种感觉。为了调动现场的气氛，我特意安排了一次互动。

“为什么外界称卡扎菲为上校？请问你们知道吗？”

“不知道！”

现场“轰”地发出了会意的笑声，变得活泼了一些。

幸好我在讲的过程中没有卡磕，同学们听得十分认真。讲完后，父亲问我：感觉怎么样？我说：有了这次讲课经历，今后再也不会紧张了。

教授们都会出版自己的研究成果。我想成为教授，也需要有自己的专著。“著书立说？”当我的脑中闪过这一念头，有点兴奋，又有点不安，担心自己根本没这个能力。我知道韩寒17岁时就出了一本书，也并非没有这样的先例。我想挑战一下。

乔布斯是我很崇拜的人物，当《乔布斯传》出版后，我细细阅读一番，却并不认同该书的完全按时间记叙的方式。我何不做点研究，重新组合乔布斯的精彩人生，总结一些对我们这代人值得借鉴的地方？

利用暑假时间，我开始了自己的“著书”工作。归纳原作内容，寻找相应的人物实例，总结归纳要点……每天做完一章节的内容，我就累瘫在桌上了。

经过研究，我把乔布斯的特质分为几个方面：家庭熏陶及环境影响、专注、善于学习、追求完善、善于合作。这些研究成果汇编成十几万字的著作——《乔布斯为什么能》。令人高兴的是，我的著作不久就要正式出版发行了。

2013年1月6日，我受邀来到江西司法警官职业学院为大学生举行讲座。有趣的是，面对200多个大哥哥、大姐姐，我与他们之间的年龄界限消失了，师生互动感应的状态真实地出现在课堂。我成了课堂上真正的掌控者，五十分钟的时间，我轻松畅谈，巧妙互动，仿佛有了个“教授”的模样。

乔布斯曾说过：“要有勇气追随心声，听从直觉——它们在某种程度上知道你想成为的样子。”我感谢所有关心支持我的人，我会尽我所能，像雪莱诗中的传道士一样去追逐并实现自己的梦想。或许有一天，我也能真正走上《百家讲坛》，成为别人眼中的“知名教授”吧。

图书在版编目(CIP)数据

乔布斯为什么能：16岁少年兰星宇如是说 / 兰星宇著.—南昌：江西人民出版社，2013.8

ISBN 978-7-210-06076-5

Ⅰ. ①乔…　Ⅱ. ①兰…　Ⅲ. ①乔布斯，S.（1955~2011）-生平事迹

Ⅳ. ①K837.125.38

中国版本图书馆CIP数据核字(2013)第177589号

乔布斯为什么能

作者：兰星宇　著

本书策划：王天化

责任编辑：章　雷　李月华

书籍设计：章　雷

出版：江西人民出版社

发行：各地新华书店

地址：江西省南昌市三经路47号附1号

编辑部电话：0791-86898143

发行部电话：0791-86898815

邮编：330006

网址：www.jxpph.com

E-mail:jxpph@tom.com　web@jxpph.com

2013年8月第1版　2013年8月第1次印刷

开本：787毫米×1092毫米　1/16

印张：13.5

字数：120千字

ISBN 978-7-210-06076-5

定价：28.00元

承印厂：江西华奥印务有限责任公司

赣版权登字—01—2013—266

版权所有　侵权必究

赣人版图书凡属印刷、装订错误，请随时向承印厂调换